JN065204

私の家族に

Solving Tough Problems
An Open Way of Talking, Listening, and Creating New Realities
by Adam Kahane

Japanese translation rights arranged
with Berrett-Koehler Publishers, Oakland, California
through Tuttle-Mori Agency, Inc., Tokyo

序文

私たちはこれまでになく、階層型権力では対処しきれない問題に直面することが増えている。CEOといえども企業の革新能力を変容させることも、独力で価値観にもとづく企業文化をつくりだすこともできない。大統領といえども国の発展を妨げる手に負えない政治的行き詰まりを解決できるものではない。気候変動や貧富の差の拡大など、このまま放っておけば、私たちの子や孫に残す未来を損ないかねない問題を前に、もっとも有力な政治的指導者や国際的組織ですら無力であるということは、痛々しいほどに明らかである。

私たちはこのような現実に直面し、無力感の高まりと力の行使への傾倒をいたるところで目のあたりにしている。無力感の高まりは、大きな問題が改善されるどころか、ほとんどの場合悪化しているという認識を反映するものだ。そして、力の行使への傾倒は、この認識に対する絶望的な反応を映しだす。今、力の行使への依存が増え続ける見通しに多くの人たちが戦慄を覚える。アダム・カヘンの本著は、第三の選択肢、つまり、私たちが共に対話し、考え、行動する能力を変容させるという選択肢を提示する。階層型権力のリーダーたちだけでなく、親として、市民として、そして組織のあらゆるレベルで有意義な変化に貢献しようとするすべての人にとって、この選択肢こそが唯一信頼できる前進の道だと私は確信する。

この第三の選択肢は、一般に理想主義的で非現実的なものと退けられてきたが、その可能性に対するアダムの信念は、世界でもっとも複雑で対立した状況という試練の中で築かれてきたものだ。一九九一年、アダムはシェル社からの若きシナリオ・プランナーとして、南アフリカのかつて非合法化されていた黒人政党のリーダーたちが分裂した国を導くための戦略立案を支援することとなった。問題は、彼らの世界の見方が互いに異なること、そして、とりわけ共に協働せねばならない白人少数派と大きく乖離していることであった。驚くべきことにわずか一年余りで、このモン・フルー・シナリオのプロセスは、南アフリカの多くの中核課題における有意義なコンセンサスと、国内の幅広い層を束ねる対話と協働をもたらした。南アフリカはまだ数えきれないほどの課題に直面しているが、この国の安定した多民族民主主義国家への移行は、このプロセスや他の対話プロセス抜きには到底考えられないものだ。

それ以来、成功も失敗も含む多くの類似した経験が、アダムのストーリーが展開していく中心にいくつかのシンプルな原則を照らしだしてきた。

私たちが複雑な問題について生産的に話し合えないのは、聞くことができないからだ。今日における政治【politics】や政治家【politicians】は、言葉の由来となったシンボルであるギリシャのポリス【polis】（市民がそのときどきの問題について共に話し合う場）とは、事実上正反対の状態を象徴している。多くの企業の会議室でも状況はさほど変わりなく、もっとも困難で政治的に脅威となるような問題が注目されることはまずない。そして今、コーポレート・ガバナンスの新しいヒーロー、リスクを厭わず誰も聞きたくないことを発言する「内部告発者」が現れはじめている。

聞くためには、自分自身をオープンにすることが必要だ。困難な状況における聞き方の典型的なパターンは、関係性よりも戦術的な優位性を築くことを指向する。私たちは、自分が聞きたいと思っていることに耳を傾ける。他者の意見をふるいにかけて、自分自身の主張に有利なことをとりあげる。自分がどれほど効果的に優位な立場につけるかが、成功のものさしなのだ。たとえこのような動機が礼儀正しさという衣で覆われていたとしても、利害関係者たちが本当の意味でマインドをオープンにして、自分自身のものの見方や行動の限界を発見することはめったにない。

マインドをオープンにするということは、結局のところ、心を開くということである。心は、混乱した思考や個人的な弱さに関連するものとみなされ、有能な意思決定者の属性とは縁遠いものとなっている。しかし、いつもそうだったわけではない。「全体の利益のために心と意識を一つにしよう」とするのは、何千年もの間、賢明なリーダーたちに共通する切なる願いだ。世界各地の先住民たちは重要な対話をはじめるとき、導きの祈りを捧げる。偏見や恐怖心を保留して、自分たちのコミュニティに資する賢明な行動をするためだ。中国語で「心」を表す最古の象徴は、心臓の絵である。

皆が真に心を開いたときに、奇跡が可能となる。それはおそらく、今日の皮肉な世界ではもっとも受け容れがたいことだろう。そして私は、アダムがこれほど痛烈に具体例を示していることを抽象的に論ずるつもりはない。奇跡とは、なんの努力も不確実性もなく、なぜかすべてが最善の結果になるという意味ではない。そんなことはありはしない。それどころか、必要とされる努力は標準をはるかに上回り、人々は、通常であればほとんどの人が逃げだすようなレベルの不確実性を受け容れることになる。しかし、この受容は、私たちが育むどころか、想像することすらやめてしまった集合的な強さから生まれるものだ。それは、恐怖や教義にもとづくものではなく、真の意味でのつながりと可能性に根ざした、創造的な人間社会が持つ強さである。

私は過去一〇年間、世界各所で広がり続ける勇敢な探検者たちのコミュニティの一員として、アダムと一緒に歩んできたことを光栄に思う。このコミュニティは、深遠なシステム的変化を引き起こし、それを維持するための新しい道筋を模索してきたのだ。こうした取り組みは、企業や政府や非政府組織において、そしてこれら三つのセクターすべてを含む場で行われている。その基盤となる最初の明確な著述が今、こうして出版に至ったのは喜ばしいことだ。

この期間を通して、私はアダムが徹底した職人であり、誇張や甘い期待に容易に流されない、きわめて実践的な人物であると評価するようになった。本書には、彼の知識だけでなく魂も刻まれている。この集合的な仕事から徐々に見えてくる理論と手法の背景にあるのは、彼の数々の挑戦、達成、失敗、発見のストーリーだ。

アダムや私たちが学んでいることは、まぎれもなく最初の一歩にすぎないが、その方向性は明確になったと確信する。進むべき道は、単にもっと賢くなるだけではなく、もっと人間らしくなることだ。そして自分を守るための新しい方法を見つけることではなく、脆弱性に対する恐怖を超越することだ。それは、自分自身の利益のためだけでなく、全体のために行動する方法を見いだすことだ。それは、アダムが言うところの「オープンな方法」を追求するための私たちの勇気（語源である【cuer age】は、心を引き裂くこと）を再発見することだ。なぜならば、私たちが直面している深刻な問題に関して唯一可能な前進は、私たちのマインド、心、そして意志をオープンにすることによってもたらされるからだ。

二〇〇四年四月

ピーター・M・センゲ
マサチューセッツ州ケンブリッジ

はじめに

手ごわい問題が平和的に解決されることはめったにない。たいてい、まったく解決されずに「行き詰まる」か、あるいは力の行使で決着をつけるかのどちらかである。もどかしく、おぞましい結果に終わるのは日常茶飯事だ。家庭では、何度も何度も同じ口論がくり返され、ともすれば親が頭ごなしに叱りつける。組織では、どこかで見たような危機がくり返され、ともすれば上司が新しい戦略を命ずる。地域社会は物議を醸す問題をめぐって分裂し、ともすれば政治家が答えを押しつける。国同士では、交渉で行き詰まり、ともすれば戦争をはじめる。問題の関係者たちは、どの解決策をとるかについて合意できずにいるか、一部の力（権力、金、銃など）を持つ人々が自分たちの答えを他の全員に押しつけるかのどちらかである。

手ごわい問題を解決する方法はもう一つある。関係者たちが互いに話し、聞き合う対話によって、平和的に解決に取り組むことだ。しかし、この方法は、容易に結果につながらず、時間がかかり過ぎるため、力の行使がてっとり早い既定路線となる。私が本書を執筆したのは、手ごわい問題を解決しようとしている人たちが、もっと上手に対話できるよう、そして対話することでより多くの結果を生みだし、もっと頻繁に平和的な方法を選択できるようにするためだ。私は、対話することが、信頼できる第一の選択肢になってほしいと願っている。

問題が手ごわいのは、三つの面で複雑だからだ。まず、**ダイナミクス**の観点で複雑である。つまり、原因と結果が空間的・時間的に離れているため、それらを直接的な体験から把握することが難しいのだ。次に、**生成的**（ジェネレイティブ）に複雑である。つまり、変化がなじみのない、予測不可能な形で展開する。そして、**社会的**（ソーシャル）に複雑である。つまり、関係者たちのものの見方が大きく異なるため、問題は二極化し、行き詰まるのだ。

話し合いによって複雑な問題を解決できないことはよくあるが、たいていは私たちの話し方と聞き方が原因だ。もっともよくある話し方は、ただ主張することである。つまり、物事がどうなっていて、どうあるべきかについて唯一の真実を主張し、他の真実や可能性がありうることを認めないのだ。そして、もっともよくある聞き方は、他の人の話を聞かないことだ。つまり、自分自身が話すことにのみ耳を傾け、自分以外の人の話は聞いていないのだ。このような話し方や聞き方であっても、単純な問題なら解決しうる。権力者や専門家が問題を細かく切りわけて取り組み、過去にうまくいった解決策を適用するのだ。しかし、複雑な問題を平和的に解決するには、問題の中にいる人たちが、自分たちの状況を理解し、それを改善するために創造的に協働する他はない。

ゆえに、私たちのよく使う話し方や聞き方では、複雑な問題は行き詰まったままになるか、力の行使でしか決着がつかないかのどちらかになることは目に見えている（この単純な解決策で解けないほど複雑な問題など存在しない、とする見方もあるがそれは間違いだ）。私たちはべつの、普段とは違う、よりオープンな話し方と聞き方を学ぶ必要がある。

これが、私が二五年間、専門家として手ごわい問題に取り組んできた結論だ。私のキャリアのはじまりは、解決策を考案することだった。最初は大学で物理学と経済学を学び、次に政府の政策や企業戦略のアナリストを務めた。そして一九九一年、南アフリカでの思いがけない素晴らしい経験に触発され、問題解決プロセスの中立的なファシリテーターとして仕事をはじめて、人々が自らの解決策を考えだすための支援をするようになった。これまでに、全大陸で五〇カ国の企業や政府、市民社会組織のリーダーシップ・チームのファシリテーションを行い、組織が抱えるもっとも困難なチャレンジに向き合う支援をしてきた。例えば、シェル、インテル、ＰｗＣ（プライスウォーターハウスクーパース）、フェデックス、カナダ政府、欧州委員会、南アフリカ労働組合会議、英国国教会司教会議などである。また、実業家と政治家、軍高官とゲリラ、公務員と労働組合員、地域活動家と国連職員、ジャーナリストと聖職者、学者と芸術家などで構成されるセクター横断的なリーダーシップ・チームのファシリテーションも行い、世界でもっとも困難な問題に取り組む人たちを支援してきた。例えば、アパルトヘイトから転換する際の闘争中の南アフリカ、内戦真っ只中のコロンビア、大量虐殺の余波の残るグアテマラ、社会崩壊した際のアルゼンチン、そして深く分裂したイスラエルとパレスチナ、キプロス、パラグアイ、カナダのケベック州、北アイルランド、バスク地方の人たちなどである。

こうしたさまざまな世界を行き来することによって、私はどのように手ごわい問題を解決できるか、あるいはどのように解決できないかを理解できるようになった。多くの類いまれな人たちと、多くの非凡なプロセスを通じて仕事をする機会に恵まれてきた経験から、特別な状況だけでなく、通常の状況にも適用可能な結論を導き出したのだ。生きるか死ぬかの対立の強烈な光の中では、人々がどのように新しい現実を創造するかのダイナミクスは、極彩色で描かれる。そうしたダイナミクスを見てきた結果、今では、色彩が抑えられた状況でも、そのダイナミクスを認識することができるようになった。どのような話し方や聞き方が行き詰まりや力の行使を生むのか、そしてどのような話し方や聞き方をすれば、もっとも困難な問題でさえも平和的に解決できるのかを学んだのだ。

行き詰まった状況を描いた映画の中でも私のお気に入りは、『恋はデジャ・ブ』というコメディ映画だ。ビル・マーレイが演じるフィル・コナーズは、皮肉屋で自己中心的な気象予報士である。米国ペンシルベニア州の小さな町パンクサトーニーで二月二日に迎えるグラウンドホッグ・デイについて取材した。フィルはその仕事と町を見下していた。翌朝、目を覚ますと、再び二月二日であり、そしてその日に起こる出来事を再度切り抜けなければならないとわかってゾッとする。これが毎朝くり返されるのだ。彼は何度も何度も同じ日をくり返し経験しては行き詰まる。番組プロデューサーのリタにこの循環を説明するが、一笑されてしまう。このくり返しを断ち切ろうと、怒ってみたり、愛想よくしてみたり、自殺してみたりと、あらゆることを試してみるが、どれも効果はない。最終的に、リラックスして今を味わい、その町とリタに対して自分をオープンにしていく。そうして初めて、目が覚めると新たな一日とよりよい未来を迎えているのだ。

私たちの多くは、フィル・コナーズの体験と同じ状況に陥る。自分の意見や計画、アイデンティティ、一つの真実に固執することによって、行き詰まるのだ。だが、リラックスして「今ここ」に存在し、自分のマインドと心と意志をオープンにすると、行き詰まりから自分が解放され、周りの世界も解放することができる。私は、自分がオープンになればなるほど――自分の周囲や内側にある物事のあり方や可能性に注意を払えば払うほど、そして物事のあるべき姿に執着しなければしないほど――より効果的に、新しい現実を生みだす支援ができるということを学んできた。そして、そのような姿勢で取り組めば取り組むほど、私は自分が今ここに存在し、生きていることを実感できる。ガードを緩めて自分自身をオープンにすることを習得していくにつれ、ますますよりよい未来を生みだす支援ができるようになってきたのだ。

私たちの話し方や聞き方は、世界と私たちの関係を表している。一方的に話すことと人の話を聞かないことの罠にはまると、世界に自分を変えられることを避け、自分の中に閉じこもり、世界を変えられるのは力の行使によってのみだという狭い了見に陥る。しかし、マインドをオープンにし、心をオープンにし、意志をオープンにして話し、人の話を聞けば、よりよい自分とよりよい世界を生みだせるのだ。

それでも、対話をはじめよう◆目次

＊本書は 2008 年にヒューマンバリューから『手ごわい問題は、対話で解決する』の邦題で翻訳出版された Adam Kahane, *Solving Tough Problems* (Berrett-Koehler Publishers, 2007) の新訳版です。全文を新たに訳出したため、旧訳書とは訳文に相違があります。

第一部

手ごわい問題

第1章
「唯一の正しい答えがある」

私は若い頃、世界でもっとも手ごわい問題は、世界でもっとも賢い人たちが解決するものだと考え、自分もその一人になりたいと思っていた。それゆえに一九七八年、地元のカナダ、モントリオールにあるマギル大学に入学するとき、物理学の優等学位コースを選択した。この学位は、理論物理学と高等数学に関するコースのみで、自然の法則と純粋理性の法則しか取り扱っていなかった。

同級生たちと私は、このエリートの知的友愛会に入れたことを誇りに感じていた。私たちは、難しさを増していく一連の論理的証明を再現する訓練を受けた。教科書は各章末に問題があり、巻末に答えが載っていた。量子物理学の授業では、教科書持ちこみ可の試験をもとに評価される。私は試験前には、教科書の全問題を勉強して、満点を取った。

私たちは、唯一の正しい答えがあると考えていたのだ。

夏の間は、さまざまな研究所で電子工学関連の仕事をした。電気回路の修理をするときは、配線がきちんとつながっていて機能するか、そうではないかのどちらかしかなく、完全に自分がコントロールできる状態だ。ある週末乗馬に出かけ、丸太を乗り越えるために馬にどうやって脚をあげさせるか悩んでいたら、何も指示していないのに、馬が勝手にやりのけたのだ！

私は、生きた、感覚のあるシステムを扱うことには慣れていなかった。

まだマギル大学の学生だったある年、核戦争の回避を目指す世界一流の科学者たちが集うパグウォッシュ会議に参加した。私は、核実験禁止条約の遵守を監視するには、人工衛星に比べ飛行機の方が低コストで柔軟性があるため理想的だと主張する論文を書いていた。私は、この制度の実施を難しくする現実的かつ法的な理由を無視していた。プリンストン大学の科学者であり、政策顧問でもあるボブ・ウィリアムスは、私に「『最善』を『善』の敵にする」という理想主義者の落とし穴に陥らないようにと強く訴えた。私は彼の主張が理解できなかった。正解はただ一つのはずではないかと。

ある会議のセッションで、スリランカ出身の女性が自国のエネルギー不足について説得力のあるスピーチを行った。私は、自分の科学に関する訓練を、複雑な社会問題に役立てたいと考えた。会議の参加者の一人である物理学者のジョン・ホールドレンが、米国カリフォルニア大学バークレー校でエネルギーと環境経済学の修士課程を教えていたので、一九八二年私は同校へ移籍した。

バークレー校の経済学部は、理論的志向と数学的志向が強かった。私が経済学やその他の社会科学の学部課程をまったく履修していなかったにもかかわらず、同学部も私も、私の物理学の学位は十分な準備になるだろうと考えた。なぜなら、同学部の経済行動の数理モデルは、人間を予測可能な機械のように扱っていたからである。私は、物理学者ほどではないにせよ、経済学者たちもまた世界がどのように振る舞うかについて客観的な真実を有しているという自信にあふれていることを知った。しかし、一九八〇年代初頭の不況のおり、経済学者たちが示す真実が疑問視されたとき、教授たちは困惑し取り乱していた。ある教授は「今はマクロ経済学を学ぶのに不向きな時代だ」と忠告した。

バークレー校で、私は物理学の手ごわい問題を解くことから、公共政策の手ごわい問題を解くことに方向転換した。私は「政策マニア」になることを学んだ。社会問題を分析し、正しい解決策を考案して論文にまとめ、政府の意思決定者にそれを実行するよう主張するのだ。エネルギー課税のさまざまな方法の影響を評価し、政府の政策を批評するために、カナダ経済のコンピュータ・モデルを構築した。アルコール燃料をガソリンの代わりに用いるというブラジル政府の計画について論文を書いた。この計画について書かれたすべての報告書に目を通したあと、私はこの計画は見当違いだと結論づけた。

私と同級生たちは、より合理的なエネルギー・環境政策を求めて奮闘した。二年目のゼミ「仕事のコツ」では、ジョン・ホールドレン教授が、私たちにとって最終的な意思決定者である議会の委員会の前で証言し、その場で鋭い答えを切り返す方法を教えてくれた。「素晴らしい質問ですね、上院議員。その答えは、一〇・七エクサジュールです。ですから、この法案に賛成票を投じることをお勧めしています」。私たちは、冷静な診断を下し、政策の処方箋を書き、それを意思決定者が受け容れ実行することで、問題を治癒する「政策のドクター」になることを学んでいた。

バークレー校で学位を取得してほどなく、私は経済学の研究職に就いた。まずバークレーのローレンス・バークレー研究所、そしてパリの国際エネルギー機関、東京の日本エネルギー経済研究所、最後にウィーンの国際応用システム分析研究所（ＩＩＡＳＡ）で働いた。冷戦時代に発足したＩＩＡＳＡは、人口圧力、地球温暖化、エネルギー不足といった地球規模の複雑な問題に共同で取り組むために、政治とは関係なく東西から科学者を集めていた。

ＩＩＡＳＡは、リラックスした知的な雰囲気だった。毎朝、コーヒーと一緒にウィーンの銘菓が用意されていた。午後には、常勤研究者や客員研究者による講義が行われた。私は、自分で見つけられる最大かつもっとも手ごわい問題への取り組みに着手した。世界経済におけるエネルギー、資本、労働、技術の相互作用に関する「一般均衡」モデルを手作業で計算するつもりだった。世界のエネルギー消費の最適なレベルを数学的に証明したかったのだ。これなら、世界の意思決定者がエネルギーの供給や価格設定、省エネのために実施すべき正しい政策を示せるはずだった。だが、この問題は私の予想以上に困難なものであることを知った。私は毎週毎週、何枚もの紙を公式で埋め尽くし、どんどん混乱と苛立ちを募らせていった。結局のところ、おそらくこの問題は数学的に解決できるものではなかった。さらに衝撃的だったのは、私がどんな解決策を見つけたとしても誰もそれに興味を持たず、採用してはくれないだろうと気づいたことである。私は、まったくもって浮世離れしていたのだ。

*

こうした実感から、一九八六年に米国に戻り、「本当の仕事」を探すことにした。そして、サンフランシスコを拠点に、カリフォルニア州北部に電力と天然ガスを独占供給する、パシフィック・ガス・アンド・エレクトリック社（ＰＧ＆Ｅ社）に就職した。同社は、原子力発電、環境保護、省エネルギー、電力自由化などをめぐる、分析と政治に関連する大規模な争いの真っ只中にあった。私は経営企画コーディネーターという肩書きと、経営幹部の近くでサンフランシスコ湾の美しい景色が見えるオフィスを与えられた。私の仕事は、戦略的な問題に取り組み、その解決策を経営陣に提案することだった。私は、出世する方法は、どんな質問に対しても、唯一の正解を素早く導くことだと考えていた。「ボス、その投資のリターンは一〇・二%です。ですから、実行することをお勧めします」といった具合に。

PG&E社は上場企業で、カリフォルニア州公益事業委員会(CPUC)によって厳しい規制を受けていた。同社のビジネスモデルはシンプルかつ高度に管理されたものだった。それは、公共料金の納付者にサービスを提供するために必要な収益を予測し、これらを「収益要件」としてまとめ、そしてそれらの要件を満たす十分な料金を請求する許可をCPUCに申請するというものだ。これらの規制ルールは、消費者には信頼できる低コストのエネルギーを供給し、PG&E社の株主には低率だが安定したリターンがもたらされるよう設計されていた。そのため、同社の経営陣にとって最大の関心事は消費者ではなく、CPUC委員たちの前で行う正式な公聴会だった。必然的に、同社の経営委員会幹部九人中八人が弁護士という構成だった。

まるで法廷のようなCPUCの料金値上げにかかわる公聴会で、私たちは消費者の需要増加に対応する新規発電所への投資コストをまかなうため、料金の引き上げを要求した。私たちの主張は、予測の妥当性にもとづいていた。消費者団体や環境保護団体は、私たちの予測は高すぎ、現実にはさらなる発電所の建設や料金の引き上げは必要ないことを証明しようとした。私たちは、当時メインフレーム・コンピュータを使って計算処理するのに一〇日間を要する一六の連動する詳細なシミュレーション・モデルを示した。ＣＰＵＣの公聴会では、エネルギー政策の専門家たちが、誰が将来について正しい数値を出すか、言いかえれば、誰が社会的に最適な答えを出すかについて、「モデル戦争」をくり広げていたのだ。

一年たって、私にはこのアプローチ全体が見せかけのつくりごとに思えてきた。ＩＩＡＳＡやそれ以前の予測に関する仕事の経験から、将来について本当に正しい数値を出せる人など誰一人いないのはわかっていた。特に、規制緩和が業界をひっくり返そうとしていたのだからなおさらである。こうした規則的にコントロールされたモデルや予測、公聴会の構造は、現実的ではなかった。

ＰＧ＆Ｅ社でこうしたあらゆる変化と課題が生じている真っ只中に、私は実際の意思決定者の下で直に働けることに非常に満足していた。直属の上司である経営企画部門のシニア・バイスプレジデントのメイソン・ウィルリッチは、元ロー・スクール教授で軍縮政策の専門家だった。私は、彼が自分の上司であることに大きな喜びを感じ、彼の上司はさらにもっと優秀に違いないと想像するばかりだった。ＰＧ＆Ｅ社の階層構造は、明々白々だ。ＣＥＯが責任者、その次が上級役員、それから役員という具合に、下の階層へと続いていた。私は、トップの人たちは他の人たちよりも賢く、情報に通じているものだと思いこんでいた。

　私は、その場に溶けこみ、よい印象を与えたいと強く願っていた。初日には、ウィルリッチのズボンの靴に当たる部分の幅を目測し、自分のズボンの裾も同じ状態にすることに余念が無かった。わずか数週間後には、歩道でＰＧ＆Ｅ社のマンホールの蓋のそばを通るたびに、笑みがこぼれるようになった。重要な会社の重要な仕事をしていることが嬉しかった。

　私の仕事は、経営委員会向けの社内企画調査をコーディネートすることだったので、最上階にあるオーク材張りの広大な役員会議室での会議に何度か同席した。ここでの会話は、礼儀正しく、理性的で、完全にコントロールされていた。総務部長が整然と議題を提供し、慎重に議事録を取っていた。

　二年目には、私は経営委員会の年次戦略リトリートのための分析資料作成を任された。この会議は、自社の小さな水力発電ダムのほど近く、自然あふれる山中にある丸太づくりのロッジで行われた。私は、最初の晩ポーカー・ゲームで社長に数百ドルを奪われてしまったにもかかわらず、経営幹部たちの秘密会議に上司たちと一緒に参加できることにワクワクしていた。

　期待が大きかっただけに、リトリートそのものの失望は深かった。私は信じられない思いで呆然と事業に関する話し合いの様子を見ていた。幹部たちは、分析資料には目もくれず、パワー・ゲームに興じ、互いにいがみ合い、誤解しているふりをし、過去の恨みを晴らそうとしていた。私は深く幻滅し、会社へのコミットメントが消え去っていくのを感じた。私が期待するような、聡明で、確かな情報にもとづく合理的な意思決定とは正反対であった。世界は、唯一の正解がある教科書が指し示すようには動いていなかった。実際の世界でははるかに厄介なことが起きており、私はそれを理解したいと思うに至った。

第2章 世界を見る

一九八八年、PG&E社を退職し、オランダ・イギリス系のエネルギーと化学の巨大企業であるロイヤル・ダッチ・シェル（現シェル）の戦略企画部門に転職した。創業から約一〇〇年、売上高一〇〇〇億ドル、一〇〇カ国以上で一〇万人を超える従業員を擁し、世界で四番目に大きい事業会社であった。世界規模の石油事業は、カリフォルニアの公共事業とは大きく異なっていた。シェルは、規制当局による公聴会とは無縁であり、市場の目まぐるしい動向に対処していた。同社は、きわめて国際的で、知性にあふれ、実践的だった。英国の緻密さとオランダの率直さを兼ね備えていたのだ。私は、シェルの社員が傲慢だと言うなら、彼らがそれに値するから、つまり彼らは最高だからだと思った。シェルでは、世界が実際どのように動いているのかを学ぶことができた。

私の仕事は、ビジネス上の手ごわい問題に対して、幹部の思考を刺激し、広げ、彼らの思考に挑戦するような新しいアイデアを考案すること、つまり戦略的議論の質を向上させることだった。ロンドン本社の私のオフィスの窓からは、国会議事堂が見えた。シェルは、国会と同じように、進むべき健全な道筋を打ちだす議論の価値を信じていた。そして、「女王陛下の忠実な野党」のように、私たちの部門も、幹部に挑み、彼らの思考の質を高めるような困難で厄介な質問をしなければならなかった。

この挑戦のための私たちの主要なツールはシナリオ・プランニングであった。リーダーであるオランダ人のキース・ヴァン・デル・ハイデンは、厳格な思慮深さを持つ人物だった。彼は、一九七〇年代初頭にこの手法を生み出した聡明なフランス人ピエール・ワックと一緒に仕事をしていた。シェルほどの会社でも、事業環境の未来を予測することもコントロールすることもできない。したがって、会社にとって唯一の正しい戦略を計算することなど不可能だった。その代わり、シェルの幹部は、世界で起こっていることや、起こるかもしれないことに注意を払う必要があった。有意義な変化を素早く認識し、それに適応するためだ。私たちの用意するシナリオ群は、今後二〇年間の未来がどのように展開するかについて、慎重に構成した、一連の起こりうるストーリーだった。

ワックの方法論は洗練され、包括的だった。彼は、この手法の第一段階を「息を吸う」フェーズと呼んだ。私たちは、できるかぎり広範囲に、かつ注意深く世界を観察し、その根底にある傾向を探った。私たちの関心は、国家の未来、環境科学、自動車技術、社会的価値観、中東経済、国際貿易の政治など、多岐にわたった。私たちは、本や雑誌を読み、研究論文の依頼や執筆をし、専門家による学習機会であった。私にとって素晴らしい知的冒険であり、驚くほどのセミナーを主催した。

私たちが世界について学ぶうえでもっとも効果的だったのは、人々のもとへおもむき、話を聞くことだった。私たちは、世界の傾向をより明確に把握することを助けてくれる人物に会うためならどこへでも出かけ、誰とでも会う自由が許されていたのだ。こうした会合の目的は、何が起きているかだけでなく、それについてさまざまな人がどのように考えているかを知ることだった。私は、英国やベルギーの公務員たち、シンガポールやブラジルの実業家たち、ケニアやドイツの環境運動家たち、タイやインドのジャーナリストたち、中国やチェコスロバキアの学者たち、韓国やナイジェリアの政治家たち、日本や米国の技術者たちと面談した。

二年間にわたって「息を吸う」ことで、いよいよ「息を吐く」準備が整う。自分たちが見てきたことの意義や、それをどう足し合わせていくかについて、何カ月も議論した。私はこの討論を楽しみ、勝つためにプレーした。最終的に、会社の事業環境で起こりうることについて私たちが学んできたことが効果的かつ的確に組み合わされた二つのシナリオを選んだ。そして、これらのシナリオを、説得力のある、論理的で、数値化されたストーリーの形に書き上げた。そのストーリーの中には、シェルの幹部による意思決定は一切含まれなかった。つまり、シェルの行動がシナリオに影響を与えないことを前提としていたのだ。

次に、私たちは一組の分厚いOHPシートをたずさえて世界中を飛び回り、シェルのすべての経営陣を対象にワークショップを実施した。各経営陣に対して、用意された二つのシナリオを検討し、それぞれのシナリオがもし仮に起こった場合、自社ビジネスにどのような意味合いを持つかを考えるように促した。自分たちの市場には具体的にどのような機会と脅威が生じるだろうか？　自部門の強みと弱みのどちらが露呈することになるだろうか？　どのようなアクションが必要になるだろうか？　私たちは、これら異なる可能性が起こりうる未来を「先取り」し、幹部に自分の思考へと内部化してもらうことを目指した。そして、「こうなるだろう」や「こうあるべきだ」といった一つの固定的なものの見方によって行動することを避けてもらいたかった。このようにして、シェルのすべての部門は、これら二つのストーリーのどちらにもより堅実に対応できるように戦略を調整したのである。

私たちのグローバル・シナリオの一つは、気候変動に焦点を当てたものだった。私は環境問題に関心があったので、この仕事に誇りを感じていた。そのおかげで、シェルの幹部は競合他社よりも早くこれらの問題の重要性を理解して認識し、持続可能な開発においてリーダーシップを発揮できた。私の知るかぎり、シェルは世界でもまずまずの仕事をしていた。しかし、その頃の私は、より現実的で、皮肉屋にさえなっていた。世間知らずの理想主義者がバークレー校への入学を決めた頃をはるかに超えていたのだ。すべての傾向には逆行する傾向があり、すべての議論には反論があり、すべての解決策は新たな問題を生みだすということを知っていたのである。もはや唯一の正解というものはないことも知っていた。私の世界は、より現実的に、そしてより複雑になっていた。

一九九〇年、ヴァン・デル・ハイデンはシェルを引退した。後任は、経歴も志向も著しく異なる社外採用のジョセフ・ジャウォースキーだった。ジャウォースキーは、テキサス州出身の法廷弁護士として成功を収め、実業家でもあり、一九八〇年代には、米国市民の協調的なリーダーシップの強化に取り組む非営利団体「アメリカン・リーダーシップ・フォーラム」の設立と構築に携わった。彼は革新的で好奇心旺盛だった。グローバル・シナリオの専門家ではなかったし、それを認めることを気にもとめなかった。また、きわめて理想主義的で、私を含む、現実主義的な同僚たちをイライラさせた。

私たちは、新しいグローバル・シナリオの策定にとりかかった。ベルリンの壁が崩壊したあと、政治・経済の自由化とグローバル化という双子の革命に焦点を当てた。「**ニュー・フロンティア**」

と「**バリケード**」という二つの新しいストーリーを構築し、これらのダイナミクスの結果として、世界がどのように展開する可能性があるかを描いた。**ニュー・フロンティア**では、貧困国が自由化に成功し、世界の舞台でもっと大きな役割を果たす場合に何が起こるかを描いている。こうした開放は、貧困国、富裕国のどちらにおいても、多くの既得権益層に混乱と痛みをもたらすものになるが、長期的に見れば、人々はそれが自己利益につながると信じるゆえに持続するのだ。**バリケード**では、人々はグローバル化と自由化に抵抗する。なぜなら、彼らがもっとも大切にしているもの、すなわち雇用、権力、自治、宗教的伝統、文化的アイデンティティを失うかもしれないことを恐れるためである。経済的、政治的な既得権益層にとって開放は深刻な脅威であるため、人々はそれを封じこめようとするのだ。

　これらの新しいシナリオによって、シェルの幹部が取り組むべきビジネス上の一連の手ごわい問題が新たに浮かび上がった。そして、ジャウォースキーの先見性と活動家としての姿勢に触発されて、シナリオ・プランニングに大きく異なる展開がもたらされた。ジャウォースキーと私とシナリオ・チームの一部のメンバーは、バリケードよりも、ニュー・フロンティアの方が世界にとって有益であり、そしてシェルは、どちらのシナリオにも備えることに加え、ニュー・フロンティアを積極的に推進すべきであると確信するに至った。

　私たちの部門には、それは間違っているのではないかと考える人もいた。一つのストーリーをもう一方よりも優先すると、幹部が不確実性に対して適応できなくなるかもしれないし、さらに言えば、企業は政治に介入すべきではなく、事業経営に徹するべきだ、と。

私は、世界におけるシェルの適切な役割に関するこの議論に興味をそそられた。私は、反対する同僚たちの客観的な異議を唱える理由、そしてなぜジャウォースキーの活動家としての姿勢がそぐわないのかも理解していた。そして、私たちの部門の仕事は、シェルの幹部たちは創造的で起業家的な行動に責任を持っている。そして、私たちの部門の仕事は、シェルの幹部たちの考え方に挑戦することだった。また、企業の覇権主義がもたらすリスクも、シェルがビジネスの枠を超えて行う活動が、多くの市民に懐疑的、敵対的な目で見られることも理解していた。それと同時に、「自分たちは単なるビジネスパーソンであり、政府が定めた法律やルールの範囲内で、起きていることを観察し、適応を試みる」というシェルの信念は、私にはどこか不誠実で自分勝手であり、無責任でさえあるように思えた。世界最大手でもっとも有力な組織の一つであるシェルは、おおむねこれまでの世界のルールづくりの方法に恩恵を受けていたし、経済、エネルギー、環境に関するルールづくりで特定の利益を得るために積極的にロビー活動を展開していた。私は、この会社が複雑な問題の解決に参加するためには、べつのもっと積極的な方法があるのではないかと考えていた。

情熱的に理想を追い求めるジャウォースキーの行動志向は、冷静で現実的な科学的訓練を受けた私に疑問を投げかけるものだった。彼は、自分が直感的に望んだよりよい未来を可能にするエビデンスを探し、そのビジョンを実現するために起業家として行動した。私は、彼の全身全霊をかけたコミットメントとリーダーシップに感服していた。そして、バークレー校を離れ、「現実の世界」に入ってから薄れていた、変化を起こしたいという私自身の強い願望が戻りつつあることに驚きを覚えた。

第3章 奇跡的な選択

一九九一年半ば、シェルのオフィスにいたジャウォースキーに、南アフリカの左翼系黒人大学であるウェスタン・ケープ大学の教授ピーター・ル・ルーから電話がかかってきた。

その一年前、白人少数派のF・W・デクラーク政権は、ネルソン・マンデラを二七年ぶりに釈放し、同時にマンデラのアフリカ民族会議（ANC）を含むすべての黒人野党を合法化した。これは、世界でもっとも行き詰まった政治状況の一つにおいて、その行き詰まりを打ち破るものだった。このとき、政府と野党は、誰もなしえないと考えていたことに着手していた。権威主義的なアパルトヘイト体制を人種平等の民主主義に平和的に移行するための交渉である。

ル・ルーは、この先例のない移行に向けて、野党が戦略を練る一助としてシナリオ・プロジェクトを立ち上げたいと考えていた。南アフリカでは過去に二度、シナリオ・プロジェクトが行われ、いずれも南アフリカの大企業がスポンサーとなり、当時シェルを退社して久しかったピエール・ワックが助言していたのだ。ル・ルーは、「世界初の左翼のシナリオ・プランニング演習」に、企業における方法論を用いることに乗り気だった。そして、シェルからアドバイザーを派遣することを求め、その依頼でジャウォースキーに電話をしたのだった。

シェルの幹部は、南アフリカへの投資を理由とする国際的な不買運動にさらされて数年間、批判に耐えてきたものの、未だその問題を引きずっていた。そして、ジャウォースキーは、シェルがニュー・フロンティアの創造に参加できる方法を熱心に探していた。そこで、私がプロジェクト・チームに対して方法論のアドバイスをし、シナリオ・ワークショップをファシリテーションすることが認められたのだ。私は、これはよい機会だと考え、一九九一年九月、プロジェクトの最初のワークショップのために、ロンドンからケープタウンに飛んだ。

ワークショップの会場は、ケープタウン近郊の山中のワイン産地にあるモン・フルー・カンファレンス・センターだった。ル・ルーは、南アフリカで影響力のある二二人のグループを編成していた。招いたのは、ANC、急進派のパン・アフリカニスト会議（PAC、当時まだ「武装闘争」を放棄していなかった）、有力な全国鉱山労働者組合、そして南アフリカ共産党といった左翼野党内のすべての主要グループのリーダーたちだった。さらに、大胆にも白人の実業界や学界から、長年の敵対者たちの一部も招待していた。そのため、このチームは、非公式ながら、既存の体制とこれから生まれる新体制の両方を部分的に代表する、将来の南アフリカのミクロコスモスでもあった。

アフリカの左翼活動家を中心とするグループでシェル方式のシナリオを構築するという経験は、参加者にとっても私にとっても冒険であった。ＡＮＣの経済計画局責任者であるトレヴァー・マニュエルは、私を「国際的な資本主義者の代表」としてグループに紹介した。

このシナリオ会議が、慣れ親しんだシェルの会議とは異なるものになるだろうと私は察していた。私たちは組織戦略といった通常の問題ではなく、国家の変革という特別な問題に取り組んでいたのだ。チームのメンバーたちがこの会議に参加するのは、誰かに言われたからでもなく、仕事だからでもなく、現状うまくやっている組織が不確実な未来にできるかぎり適応したいと考えたからでもない。彼らは全員、現状に強い不満を持ち、それを変えようと決意したからこそ、この会議に参加したのである。彼らはこのプロジェクトを、「新しい南アフリカ」の誕生に立ちあう機会だと捉えていた。

このチームの構成は、私たちのシナリオ演習にとって二つの利点があった。一つ目は、チームが、多様な視点から南アフリカの現実を「吸いこむ」という、シナリオ・プランニングの中心的なワークを行ううえで、他の人々を探しにいかなくてもよいことである。なぜなら、重要な視点のほとんどはすでにこのチームの中にあったからだ。二つ目は、ル・ルーが三人の黒人のトップリーダーたちの支持を得て、このプロジェクトをはじめていたことだ。のちにマンデラの後任として大統領に就任したANCのタボ・ムベキ、英国国教会の大司教であったデスモンド・トゥトゥ、パン・アフリカニスト会議の副議長ディギャング・モスニクである。つまり、私たちが戦略を伝えようとしていた野党のリーダーたちとは、すでにつながっていたのだ。

＊

チームは、まず多様なメンバーからなる小グループをつくって、今後一〇年間に南アフリカで起こりうるシナリオのブレーンストーミングを行った。私は、シェルの慣例を用いて、自分たちや自分たちの政党が起こってほしいと思っていること、つまり、未来について話すときのいつものやり方ではなく、自分たちが何を求めているかは脇に置いて、ただ起こりうることについて話すように依頼した。各小グループは、自分たちが求めるどんなストーリーでも、論理的で起こりうることを主張できるし、グループ全体の場で提示することもできた。全体の場で聞き手たちは、「そんなことが起こるはずがない」「そんなことは起こってほしくない」など、ストーリーに対して大声で反対することは許されない。許されたのは「なぜそれが起こるのか」や「次に何が起こるのか」を質問することだけであった。

チームはこのシナリオの演習が驚くほど開放的であることに気づいた。語られたストーリーは、左翼の革命、右翼の反乱、自由市場のユートピアなどであった。政治的に不適切なストーリー、例えば、「抑圧（リプレッション）による成長」（左派のスローガンである「再分配（リディストリビューション）による成長」をもじったもの）のように、チリ型の独裁政権が強力な経済成長をもたらす、といったストーリーも語られたが、取り下げられた。また、南アフリカで社会主義者の反乱が勝利を収められるように中華人民共和国が軍事支援を提供するといった、差別的ではないが起こりえないストーリーも却下された。

このワークショップが開催されたのは、白人政府が「プチ・アパルトヘイト」と呼ばれる社会的交流の制限を緩和した直後のことであった。シナリオ・チームは、白人と黒人、支配者層と反対者層の垣根を越えて、一緒に取り組めることにワクワクした。彼らの多くは初対面であり、リラックスできる、居住空間のような環境が、互いを知るのに功を奏した。私たちは、美しいモン・フルー・センター全体を貸し切っていた。ワークショップの休憩時間には、山を散策したり、バレーボールやビリヤードをしたりした。夜には、参加企業の一社が提供してくれた、潤沢な量のワインが用意されたラウンジで、長時間語り合った。私は、このプロジェクトをコーディネートしていた黒人のコミュニティ・リーダー、ドロシー・ブーサックと暖炉のそばでおしゃべりをした。このような光景全体が異例のことであった。さまざまな理由があるが、とりわけ、南アフリカではほんの数年前まで白人と黒人のこうした交流をもつことがどんな形であっても法律で禁止されていたからだ。

最初のブレーンストーミング演習では、三〇のストーリーが生まれた。チームは、これらをとりまとめて、その先のワークのために九つに絞りこみ、社会的、政治的、経済的、国際的な側面に沿ってシナリオを練り上げるために、四つのサブチームを立ち上げた。各サブチームは九月から一二月にかけてワークを行い、そして二月には二回目のワークショップのためにチーム全体が再びモン・フルーに集まった。彼らはまず、九つのシナリオをさらに深く掘り下げたあと、この国の現状を踏まえ、もっとも重要で起こりうると考えた四つのシナリオに絞りこんでいった。このワークショップのあと、チームはそれぞれの組織やネットワークに戻り、その四つのシナリオを検証した。一九九二年三月の三回目のワークショップでは、参加者たちは最終的なシナリオの内容を確認して練り上げ、それを発表し広めていく方法について合意した。最終的には同年八月、チームは四回目となる一日ワークショップを開催した。途中で、重要なラグビーの試合を観戦できるように四時間の休憩を挟み、白人リベラル派の民主党、右派の保守党、与党である国民党の政治家を含む、より幅広く、より上級のグループを対象にシナリオの論理を提示し、共に検証した。

チームの最終的なシナリオでは、次の問いを投げかけた。南アフリカの移行はどのように進むのか、そしてこの国は「離陸」に成功するのか？　四つのストーリーは、それぞれ異なる答えを提示し、一九九二年の南アフリカにとって、それぞれ異なる重要なメッセージを包含していた。当時の南アフリカは論争の激しい危険な移行交渉の真っ只中にあった。こうした交渉がどのように成功するのか、そもそも成功するのか、はたまた、このまま国が行き詰まり、閉ざされ、窮状に陥って孤立してしまうのか、誰にもわからなかったのだ。これらの四つのシナリオは、この移行のための刺激的な一連のロードマップを提供するものであった。そのうち三つは避けるべき暗い未来への予言だった。「**ダチョウ**」シナリオでは、選挙で選出されていない白人政府が砂の中に頭を突っこんで、多数派の黒人との交渉による解決を避けようとする。「**足の悪いアヒル**」シナリオでは、憲法上の足かせのため無力に陥った白人政府が玉虫色の政策を約束しながら、誰一人満足させられないため、移行が長期化する。「**イカロス**」シナリオでは、憲法上制約のない黒人政府が、国民の支持と高潔な意志の波に乗って政権を握り、膨大で持続不可能な財政出動計画に着手し、経済を崩壊させる。そして、取り組むべき明るい未来像も一つ示された。「**フラミンゴの飛行**」シナリオでは、すべての重要な構成要素が適所に配置され、社会の誰もがゆっくりと一緒に上昇していくことによって、移行が成功を収める。

四つのシナリオについて合意を得ると直ちに、チームはそれらを国民的な対話に導入した。

国内でもっとも読まれている週刊紙に二五ページの小冊子を折りこみ、メディアでこの取り組みが議論されるように手配し、四つのシナリオをアニメ化したビデオを配布した。もっとも重要だったのは、自分たちの所属団体のリーダー層をはじめとして、影響力のある政治団体、企業団体、市民団体を対象に百以上のワークショップを開催し、そこで四つのシナリオを提示し、議論を行ったことである。デクラーク大統領は、モン・フルーに対して、「私は**ダチョウ**ではない」と反応した。

もっとも注目を集めたのは**イカロス**だった。このとき、左派の有力な経済学者が同志たちに対し、左派の無責任な経済政策の危険性を警告していた。ANCの左派の主要なライバルであるパン・アフリカニスト会議のモズビアン・マラツィは、イカロスを自派のトップリーダーたちに提示した。彼は、「これはANCが政権を取った場合に何が起こりうるかを示すシナリオだ。もしANCが政権をとらなくても、我々がそこに追いこむだろう」と言った。マラツィは、南アフリカにとってなじみもなく、望ましくもない経済のシナリオと、そのようなシナリオの中で彼ら自身の政策と行動が担う役割を、仲間に示していた。マラツィのプレゼンテーションは、PACのリーダーたちの間で、長く、白熱した、自己批判的な議論を引き起こした。この会議のあと間もなく、PACは経済政策を修正し、それから武装闘争を放棄して合法的な交渉に参加することを決定した。

ＡＮＣのトップリーダーたちの間でも、考え方に同じような変化が起こった。トレヴァー・マニュエルと彼の右腕であるティト・ムボウエニが先頭に立ち、ネルソン・マンデラ、オリバー・タンボ（ＡＮＣの議長）、ジョー・スロボ（南アフリカ共産党委員長）らを含むトップリーダーのグループに対して、プレゼンテーションを行った。当時、ＡＮＣのトップリーダーたちは、政治、憲法、政府、軍事の面での移行を達成することに主眼を置いていた。冷戦と南アフリカのゲリラ戦の中で形成された彼らの経済思想は、強固に維持されていた。彼らの一般的な考え方は、この国は豊かであり、ＡＮＣ政権は単純に豊かな白人から貧しい黒人にお金を再分配すればよいというものであった。そのため、この会議で一流の経済学者二人が発表したイカロスは、党の正当性に対する直接的な攻撃だった。参加者の中には異議を唱える人もいたが、他ならぬスロボが立ち上がり、ソ連などでの社会主義政策に失敗した自らの個人的な経験を引き合いに出して、イカロスについては真剣に受け止めるべきだと主張した。

モン・フルーが発した経済のメッセージは、ＡＮＣの考え方に大きな影響を与えた。デクラーク政権の財務大臣だったデレク・キーズは、四回目のモン・フルー・ワークショップに参加し、ある晩、デクラーク内閣で行ったばかりの経済に関するブリーフィングから、いくつか資料の共有を申しでた。マニュエルたちは興味があると応じ、その後長い間話しこんだ。記者のパティ・ワルドミアは、のちにこのように語っている。

キーズはＡＮＣの経済担当責任者であるトレヴァー・マニュエルに、経済状況に関するブリーフィングを行い、そしてマニュエルはそれをマンデラに伝えた。「そして、私は怖くなった」とマンデラは振り返る。「トレヴァーの話がまだ終わらないうちに、私は彼にこう言った。『では、これは交渉に対して何を意味するのだろうか？　この状況を放置し続けたとしたら……経済の破綻があまりにもひどすぎて、民主的な政府が政権をとっても、それを解決することはできないように思えるのだが』と」。マンデラは、（当時停滞していた、アパルトヘイト後の政治体制に関する交渉の）行き詰まりを打破しなければならないという決断を下した。

つまりモン・フルーは、ＡＮＣをはじめとする左翼政党の経済に関する思考と行動を転換させ、経済的大惨事を回避するのに役立ったのである。一九九四年以降のＡＮＣ政権のもっとも重要な驚くべき成功の一つとして、一九九六年の成長・雇用・再分配（ＧＥＡＲ）政策に明示された、厳格で一貫した財政規律が挙げられる。アリスター・スパークスは、この移行に関する記述の中で、モン・フルーで生まれたこの根本的な（そして今なお論争の的となっている）経済政策の変化を、「偉大なるＵターン」と呼んでいる。プロジェクト終了から七年後の二〇〇〇年、その頃にはキーズの跡を継いで南アフリカ初の黒人財務大臣になっていたトレヴァー・マニュエルは、こんなことを語っていた。

（モン・フルーからGEARまでは）まっすぐの一本道ではありませんでした。曲がりくねってはいますが、モン・フルーを思い返すと得られたものがかなりありました。今でも目を閉じたら、こんなふうにそれらのシナリオをいとも簡単に話せるでしょう。私はシナリオを自分のものとして一体化しました。何かを自分のものとして一体化したら、おそらくそれは一生ものになるでしょう。

実業家で政治分析家のヴィンセント・マファイは、モン・フルーの招集者の一人であり、ANC内閣に詳しいオブザーバーである。彼は、「トレヴァー・マニュエルとティト・ムボウエニの目的はただ一つ、イカロスのシナリオを阻止することです」と語った。一九九九年、ムボウエニは、南アフリカで初めて黒人として準備銀行（中央銀行）総裁に就任した際の公式晩餐会で、「私たちはイカロスではありません。だから、太陽に近づきすぎることを心配するに及びません」と述べて、聴衆である地方銀行や国際銀行の銀行家たちを安心させた。

振り返ってみると、一九九四年以降、南アフリカの人々は、ゆっくりと、着実に、協働しながら上昇していった。**フラミンゴの飛行**である。

私は、モン・フルー・チームの取り組みがもたらすこれらすべての影響に喜びを感じ、魅了されていた。このとき初めて、私は研究者や経営企画者として上や外から複雑な問題を観察することから、地に足をつけ、解決に取り組んでいる真っ只中の人々とすぐそばでかかわることになったのだ。そのプロセスは、私が予想していたようにはいかなかった。そうした状況では、便利なOHPシートも、優秀な専門家も、匿名の意思決定者も存在しなかった。シナリオのストーリーは、国家が抱える重要な一連の問題解決に役立ったが、本当にとてもシンプルなもので、極度に単純化されている節すらあり、シェルのシナリオのように洗練され、慎重に考え抜かれているものとはまったく異なっていた。

私が考えるに、モン・フルーのプロセスの本質は、世界全体から取り返しがつかないほど行き詰まっていると考えられていた社会において、小グループの非常に献身的なリーダーたちが、社会を横断的に代表する者として、その社会で何が起こっていて、何がなされるべきかについて広く深く話し合うために集まったことだった。それだけではなく、彼らは、ある偏った議題を推進するために顔の見えない権力者や意思決定者など他の人たちが何をすべきかを話し合うのではなく、自分たち自身と仲間や国民たちが、すべての人にとってもよりよい未来を創造するために何をしなければならないかについて話し合ったのだ。彼らは、自分たちのことを、解決しようとしている問題から距離を置いた存在ではなく、問題の一部であると考えていた。シナリオ・プランニングは、この問題解決に熱心に取り組むための斬新な手段だったのである。

モン・フルーのシナリオ・チームは、シェルのチームと同じ方法論を用いていたが、その目的は根本的に異なっていた。シェルでは、将来何が起きても対応できるように、幹部たちの能力向上のためにシナリオをつくり上げた。それに対してモン・フルーでは、チームは今起きていることと将来起きるかもしれないことを理解するためだけでなく、その結果に影響を与え、改善するためにシナリオを練り上げた。シェルでは私たちは観察者であり状況への反応者であったが、モン・フルーではチームのメンバーは行為者であった。モン・フルー・チームの基本的な姿勢、そして彼らが関わっているリーダーシップ・グループに伝えた主なメッセージは、起こりうる未来は複数あること、そして彼らや他の人々がとる行動によってどの未来が開かれるかが決まるというものだった。このチームは、受動的に出来事が起こるのを待たなければならないとは考えていなかった。自分たちの未来は、自分たちで積極的に形づくることができると信じていた。未来が予測できない理由の一つは、未来とは変えられるものだからだと理解していたのだ。

これは、ジャウォースキーがシェルのシナリオ・チームに対して強調していたことと同じポイントだった。ジャウォースキーは、のちに『シンクロニシティ［増補改訂版］』——未来をつくるリーダーシップ』(金井壽宏監訳、野津智子訳、英治出版、二〇一三年)で次のように書いた。

本書の大きな目的は、そうした思いこみに替わる考えを提案することである。もし個人や組織が、創造的な姿勢から行動するなら、すなわち「あきらめ」よりむしろ「可能性」にもとづいて行動するなら、現れた現実に「対応する」のではなく、自分がこれから生きる未来を「創り出す」ことができる、という考えを。

私たちの目には見えないレベルで、「つながり合う全体」が、言いかえるなら内蔵秩序が存在し、一見ばらばらに見えるものごとはそこから生じていく。そして人間はみなこの「つながり合う全体」、すなわち、そのなかに含まれるものから絶えず現れ、私たちの目に見える世界においてその姿を現す「完全なる全体」の一部なのである。私たちが個人として、また集団として果たしうるきわめて重要な役割は、機会をつくること。言いかえるなら、内蔵秩序が現れるのに「耳を澄ませ」、そのうえで、夢やビジョンやストーリーを、現れたがっていることを体の芯で感じる夢やビジョンやストーリーを創り出すことだ。

こうした考えをもとにしてシナリオを使うことは、きわめて強力な手段になりうる。この時代のために一つのストーリーを提供することによって、出現する新たな現実を人々が感じ実現する手助けとなるのである。

モン・フルーでは、チームは、私がそれまでに見てきたどんなこととも本質的に異なることを為していただけでなく、不思議なほど異なる精神でそれらを為していた。彼らは大きく深刻な問題に取り組んでいた。そうした問題をめぐって、数十年間、生きるか死ぬかの戦いに身を投じてきたのだ。しかし、彼らは今それをオープンに、創造的に、そして軽やかに、自分たちのアイデアとお互いのことを楽しみながら取り組んでいた。

ファシリテーターとしての私自身の姿勢も貢献した。モン・フルー・チームへの参加は、私としては例外的な姿勢で臨んだ。一回目のワークショップの前の数週間は、シェルでの仕事が多忙を極めたため、いつもなら行っている準備の時間がまったく取れなかったのだ。南アフリカについて読んで調べることも、ロンドンからケープタウンまでの長いフライトの間に、この国とチームがすべきことについて私の専門家としての見解をまとめることもしていなかった。チームのメンバーについても、英雄的なグループであり、彼らの多くが活動のために殴られたり、投獄されたり、追放されたりしてきたということ以外は、ほとんど何も知らなかった。そのため、私は中立的な立場で、敬意を表していた。この姿勢が、意図せずして、同時に、ファシリテーターになるための完璧な秘訣となったのである。私はチームと一緒に取り組みをすればするほど、彼らに感銘を受けるようになり、私がオープンになるにつれて、彼らも触発されてオープンになった。あるチーム・メンバーは、のちにこう言った。「初めてあなたに会ったとき、こんなに無知な人がいるなんて信じられませんでした。てっきりあなたは私たちを操ろうとしているのだと思っていました。でも、あなたが本当に何も知らないということがわかって、あなたを信じることにしたのです」。チームも私も、少なくともしばらくの間は、知っていることを手放して、学びはじめることができたのである。

私にとってモン・フルーのプロセスは、啓示と覚醒であった。何を意味するのか正確に理解はしていなくても、特別で重要な何か、すなわち「聖杯」を目撃したことを知った。ドアの向こう側に何があるのかよくわからないままに、そのドアを通り抜けたのだ。私は、もっとも手ごわい問題に対するこのような取り組み方、南アフリカの人々のバイタリティと心のオープンさに心を奪われた。そしてドロシー・ブーサックと恋に落ちた。私の頭の中では、すべてがごちゃ混ぜになっていたが、何をすべきか悩む必要はなかった。私はただ知っていたのだ。一九九三年、私はシェルを辞め、南アフリカに移住し、ドロシーと結婚した。私は、整然と管理された、シェル、ロンドン、そして独身の生活を、革命の進む国で、妻と一〇代の継子四人とともに暮らす、自営業の雑然とした生活に切り替えたのである。

モン・フルー・カンファレンス・センターであげたドロシーと私の結婚式は、喜びに満ちていた。チーム・メンバーの多くも、このロマンスにかかわったことを喜んで、参列してくれた。

これぞ、本当の「新しい南アフリカ」の出来事だった。カナダから来た私のユダヤ人家族、ドロシーの家族とオランダ改革派牧師、コーサ族のマリンババンド、ズールー族の歌手、イスラム教徒のジャズピアニストが集まったのだ。当日の記憶はぼんやりとしているが、はっきり思い出せるのは、私たちが誓いの言葉を述べたすぐあと、くるりとゲストの方を向いたとき、予想もしなかった圧倒的な愛の波が私たち全員を包みこむのを感じたことである。その瞬間、満員のテント全体が一つになったように感じた。

＊

モン・フルーでの経験を経て、二つの問いが残った。一つ目は、モン・フルーでの取り組みは、なぜ特別で重要だったのか？　この問いの答えは、その後数カ月かけて観察し熟考した結果、明らかになった。二つ目は、チームのメンバーは、どのようにこの取り組みを成功させたのか？　この問いの答えは、内側から、主観的に、この取り組みの参加者として考えなければ見いだすことはできず、その後一〇年かけて徐々に明らかになっていった。

私が一九九一年と一九九二年に訪れ、一九九三年に移住した南アフリカは、古い政治体制から新しい政治体制の狭間にある国だった。一九八〇年代は終始行き詰まっていた。少数派の白人政府も急進派の野党も力の行使で勝とうとし、どちらも失敗した。一九九〇年、デクラークがマンデラを釈放し、野党グループを合法化することによって行き詰まりを解いたにもかかわらず、この国で初めて全人種参加の選挙が行われたのは、一九九四年のことだった。この四年間の過渡期は、陶酔の天国と流血の地獄、合意と暗殺、打破と途絶のジェットコースターのような時代であった。

この時期の南アフリカの統治体制は尋常ではなかった。古い体制は消えつつあったが、新しい体制はまだ生まれていなかった。国家的な意思決定を行うための合意されたルールもなかった。公式に主導権を握っていたのはデクラーク政権だったが、その正当性と権力は低下しつつあり、主要な問題についてはほとんどＡＮＣに相談しなければならなかった。例えば、一九九三年に私が移住した直後、人気の高い黒人の政治家クリス・ハニが白人の保守派に暗殺された。デクラークは黒人の暴動を恐れ、冷静になるように呼びかけるため急遽マンデラに国営テレビに出演してもらわなければならなかった。

このような政治的空白の中で、南アフリカの人々はその場その場でのさまざまなプロセスをつなぎ合わせていった。それらのうち、もっとも目に見えて顕著だったのは、政治的解決と新憲法の交渉のための政党間の一連の公式会議であり、細部までバランスのとれた代表団、ポジションペーパー、正式な議会規則がすべて揃っていた。しかし、あまり目立たなかったが、何百もの「フォーラム」も行われ、考えうるあらゆる問題と規模を網羅した。国家住宅評議会、国家教育評議会、オレンジ自由州干ばつ委員会、ウェスタン・ケープ地域経済開発フォーラムなどだ。これらのフォーラムは、それぞれ独自の構造とプロセスを持っていたが、いずれのフォーラムにも、問題に対する共通理解を高め、解決策を見いだすために、政府、野党、企業、労働組合、コミュニティ・グループ、大学などから、特定の問題に利害関係を持つ当事者たちが集まっていた。これらの当事者たちがフォーラムに参加したのは、自分たちが直面している問題がどれも、確立された通常のプロセスでは解決できない問題であると確信していたからである。そのため、彼らはこのような特別で、多様なステークホルダーがかかわる、対話と行動のプロセスを必要としていたのだ。

　これらのフォーラムは、具体的な暫定的合意に到達する仕組みとして機能した。同じくらい重要だったのは、ロバート・パットナムが「社会関係資本（ソーシャル・キャピタル）」と呼ぶ、セクター横断的な信頼関係のネットワークが構築される仕組みとしての機能だった。一九九四年に南アフリカの人々が成し遂げた劇的な政治的・憲法的解決は、こうした多くの対話型プロセスを通じて築かれた関係にもとづいていた。モン・フルーのプロジェクトは、このようなより大きな問題解決プロセスの一例であり、一部でもあった。

　当時、「国家の困難な問題に直面したとき、南アフリカの人々には二つの選択肢、すなわち現実的な選択と奇跡的な選択がある」というジョークが人気だった。現実的な選択とは、我々全員がひざまずき、天国から天使の一団が舞い降りてきて、自分たちのために事態を解決してくれますようにと祈ることであった。奇跡的な選択は、共に前に進む道を見いだすまで、互いに話し合いを続けることだった。結局、誰もが予想したことに反して、南アフリカの人々は奇跡的な選択を実践することに成功した。モン・フルーで行われたようなフォーラムは、奇跡を実現するためのプロセスだったのだ。

　私は重要な洞察として、南アフリカの人々が手ごわい問題を解決する、並外れて効果的な方法を見つけたのだと考えた。私は、元物理学者として綿密な論理を立てて、このことを自分自身に証明した。問題が手ごわいのは、それが複雑だからであり、複雑性には三つの種類、すなわち**ダイナミックな複雑性**、**生成的**（ジェネレイティブ）**な複雑性**、**社会的**（ソーシャル）**な複雑性**があることだ。

　原因と結果が空間的・時間的に近接している場合、問題の**ダイナミックな複雑性**は低い。例えば、自動車のエンジンでは、原因がもたらす結果は、原因に対して近く、直接的で、明白だ。そのため、エンジンが動かない原因を理解し解決するには、通常、一度に一つずつの部品を検査し修理すればよい。これに対して、原因と結果が空間的・時間的に遠く離れている場合は、問題の**ダイナミックな複雑性**は高い。例えば、ニューヨークの経済上の決定がヨハネスブルグの金の価格に影響を与えたり、アパルトヘイト時代の教育政策が現在の黒人の雇用の見通しに影響を与えたりする。経営理論家のラッセル・アコフが「ごちゃごちゃの状況」と呼んでいるこのような問題は、構成要素の間の相互関係や、全体としてのシステムの機能を考慮しながら、システム的に理解するしかない。

問題にかかわる未来がよく知られた予測可能なものであれば、問題の**生成的**（ジェネレイティブ）**な複雑性**は低い。例えば、伝統的な村落では、未来は過去のくり返しが多いので、過去の解決策やルールは未来でもうまくいく。一方、問題にかかわる未来がよくわからない、予測不可能なものである場合、その問題の**生成的**（ジェネレイティブ）**な複雑性**は高い。例えば、南アフリカはアパルトヘイトという特殊な硬直状態から離れ、冷戦後、急速にグローバル化・デジタル化している新しい世界へと向かっていった。生成的（ジェネレイティブ）な複雑性が高い問題の解決策は、事前に紙の上で、過去にうまくいったことをもとに算出することはできない。そうではなく、状況が展開する中で考案しなければならないのだ。

問題の一部である人々が共通の前提、価値観、根拠、目的を持っている場合、問題の**社会的**（ソーシャル）**な複雑性**は低い。例えば、うまく機能しているチームでは、メンバーは同じようなものの見方をするので、上司や専門家は、全員が同意する解決策を容易に提案することができる。問題の関係者たちのものの見方が大きく異なる場合、問題の**社会的**（ソーシャル）**な複雑性**は高い。南アフリカには、黒人対白人、左翼対右翼、伝統対現代という視点、つまり二極化と膠着（こうちゃく）を生む典型的な条件があった。社会的（ソーシャル）な複雑性の高い問題は、権力者によって上から平和的に解決できるものではなく、問題の関係者たちが解決策の考案と実施に参加しなければならない。

分析してみると、最初の問いには適切な答えを出すことができた。モン・フルーでの取り組みは、なぜ特別で重要だったのか？　複雑性の低い単純な問題は、断片的で、過去にもとづき、権威主義的なプロセスを用いることで、完璧にうまく、すなわち効率よく、効果的に解決することができる。それに対して、複雑性の高い問題は、システム的、創発的、参加型のプロセスでしか解決することができない。モン・フルーのアプローチが重要かつ特別だったのは、複雑性の高い問題を解決すること、つまり重要な社会変革を実現することに、非常に適していたからだったのだ。私たちのプロセスはシステム的であり、社会的、政治的、経済的、国際的なダイナミクスを考慮しながら、南アフリカ全体のためのシナリオを構築するものだった。そして、前例や壮大な計画はあまり役に立たないことを認識し、その代わりに、この国の現在の重要な選択肢を特定し、それに影響を与えるために、創造的なチームワークを用いた点で、創発的だった。さらに、解決の鍵となる国民を代表するリーダーの大半が関わった参加型であった。この南アフリカにおける発明の母となったのは、同国での空白の過渡期の必要性だ。複雑性の高いシステムであり、根本的に新しい文脈の中で、解決策を強制する知恵や正当性を持つ権力が一つも存在しない状況だった。「上」からの介入という現実的な選択がなかったため、南アフリカの人々は協働という奇跡的な選択に頼らざるを得なかったのである。

また、私の分析から、「アパルトヘイト症候群」が蔓延していることもわかった。アパルトヘイト症候群とは、単純な問題の解決にしか適さない、断片的で、過去にもとづく、権威主義的なプロセスを用いて、複雑性の高い問題を解決しようとすることを指す。この症候群では、複雑なシステムの最上位にいる人々が、分割統治戦略、つまり、区分化（アフリカーンス語でアパルトヘイトは「分離」を意味する）および命令と統制によってその発展を成し遂げようとする。最下層の人々はこうした命令に抵抗するため、システムは行き詰まるか、力の行使によって行き詰まりを解消する状況に陥る。このアパルトヘイト症候群は、家族、組織、地域、国など、世界中のあらゆる種類の社会システムで発生している。

南アフリカは多くの点で世界の縮図である。アリスター・スパークスはこの国を次のように観察している。

第一世界と第三世界が交わるところ……先進国と発展途上国、肌の色の薄い国と濃い国、富裕層と貧困層との比率は一対五で、地球村の残りの地域と同じ割合だ。そこでは、肌の白い第一世界の人々が、パス法や都市流入規制によって、肌の黒い第三世界の人々を都市にある彼らの「豊かな島」から追い出そうとした。それはちょうど先進国が、リオ・グランデ川、地中海、環太平洋といった世界中の貧困の境界線を越えさせまいとしたのと同じであり、またほとんど成功していない点も同じである。

南アフリカでアパルトヘイトは維持できなかったし、他のどこであっても、力の行使がないかぎりは維持することはできないだろう。あらゆるところで、人々は自国のアパルトヘイトを克服しようと苦闘し、彼ら自身の複雑性の高い問題を解決するために平和的な方法を見つけようともがいている。それゆえに、南アフリカの移行とモン・フルーから得た教訓は、他の多くの文脈にも当てはまるものだ。

この気づきは、さらに大きな関心とともに、まだ答えの出ていない二つ目の問いに私を立ち返らせる。モン・フルー・チームのメンバーは、どのように取り組みを成功させたのだろうか？　それを理解するには、この取り組みに没頭し、それを行っている人々を間近で観察するしかなかった。

ほどなく、私はまさにその機会を多く得ることになった。

第二部

話す

一九九三年、私はシェルを退職して南アフリカに移住し、ジェネロン・コンサルティングを設立した。パートナーは、同時期にシェルでの職務を終えていたジョセフ・ジャウォースキーと、ハノーバー保険の元社長ビル・オブライエンだった。その後、MITスローン・スクール・オブ・マネジメントのオットー・シャーマーがリサーチパートナーとして加わった。モン・フルーのアプローチは評判となり、企業、政府、市民団体など世界中のさまざまな立場の人たちから、もっとも重要で困難な問題に取り組むための支援を求められるようになった。

この仕事を通じて、私はその後一〇年かけて、二つ目の問いに対する答えを少しずつ組み立てていった。「どうすれば手ごわい問題を平和的に解決できるのだろうか?」と考えるようになっていたのだ。その答えは、シンプルかつ実用的であることがわかった。「オープンになって話すことと聞くこと」である。この洞察のおかげで、同僚と私が取り組んできたすべてのプロジェクトを見直し、共通する重要なパターンを見いだすことができた。プロジェクトの中には、話すことと聞くことが完全に閉じているという特徴を持ち、行き詰まるか、力の行使で終わることになったものもある。その一方、話すことと聞くことが完全にオープンになっていることを特徴とするプロジェクトもあり、そうしたプロジェクトは新しい現実を生みだすことに成功していた。ほとんどのプロジェクトは、この両極の中間に位置するものだった。本書では、時系列ではなく、このオープンさの度合いでストーリーを並べている。このあとの各章では、その前章より一段階進んだオープンさを示し、解説する。このオープンさの段階的な進展が、いかに手ごわい問題を解決するかの理論と実践を提示する。

そうした洞察の中で、プロセス・ファシリテーターとしての仕事のやり方も少しずつ見えてきた。ある友人が、こんな電子メールを送ってくれた。「判断力はどうやって身につけるか？経験を通じてである。それなら、どうやって経験を積むのか？　誤った判断によってである」。私もまた、自分が試行錯誤した経験から、閉じているときがもっとも思い通りにならず、オープンになっているときがもっともうまくいくことを学んだ。しかし、このシンプルな、「オープンになる」ということは、私が想像していたよりもはるかに繊細で困難なものだったのだ。

第4章
行き詰まる

南アフリカは何十年もアパルトヘイトから抜け出せずにいた。しかし、一九九一年に私が初めて同国を訪れたとき、南アフリカの人々はその状態を変えようとしているところだった。「アパルトヘイト症候群」で行き詰まっている場合、どんな手ごわい問題に直面するのだろうか?

二〇〇二年一〇月のスペインのバスク地方がちょうと同じような状態だった。私が南アフリカでの経験を伝えるために同地方を訪れたとき、バスクの民族主義者たちはスペインからの独立か、最低限独立についての投票権を得ることを求めて戦っていた。非民族主義者とスペイン政府は、バスク地方がスペインの一部として留まることを望んでいた。過去五年間で、この紛争はますます二極化し、激化していた。民族主義者のテロリスト集団ＥＴＡ（Euzkadi ta Askatasuna、バスク語で「バスク祖国と自由」の意）が、八五〇人以上を殺害し、ビルバオ、マドリード、観光地に爆弾を仕掛けたため、数百人の政府高官が専任のボディガードを必要としたほどだ。警察は一七〇人を殺害し、一万一千人以上を逮捕していた。バスク地方は完全に行き詰まっており、そのためますます危険な状態に陥った。現地の平和研究者の一人がこう説明してくれた。「前向きに進まない紛争は、後ろ向きに進む」

私は、あらゆる立場の党員や政治家たちと会った。彼らは礼儀正しく親切ではあったが、同時に怯え、警戒し、憤り、不満を感じていることも伝わってきた。皆、自分たちの話を熱心に私に伝えたがった。ＥＴＡが夫を殺した、フランコの兵士が母方の祖父を殺した、民族主義者が私たちを脅かそうとしている、スペイン人が私たちの文化を滅ぼそうとしている、といった具合に。彼らはこぞって、なぜ自分たちは被害者で、相手は悪者であるのかを口々に語った。

私は、当事者たちが、私とは話しても、互いに話し合うことにはまったくもって消極的であることに気づいた。スペイン政府は、テロリストの隠れ蓑であるという理由で、ＥＴＡと結びつきのある政党バタスナを法律で禁止したばかりだった。またスペイン政府は、バスク問題は政治的解決よりも警察が必要だという理由で、民族主義のバスク地方政府とは一切の政治的接触を断っていた。同地方の首相が準独立のための住民投票計画を打ち出し、スペイン政府の協力の有無にかかわらず、それを実行に移すと発言したところ、スペイン首相は即座に狂人の戯言と糾弾した。双方のメディア連合は相手を悪者扱いし、相手側と会う者を糾弾することで対立を増幅させた。誰一人としてすべての政党が直接話し合う場を設けることはできなかった。草の根の平和団体エルカリ（バスク語で「共に」という意味）でさえ、一部の当事者と、それも仲介者を介してかろうじて非公式に話ができただけだった。その話し合いにおいてさえも、一年たって、和平に向けたプロセスに関して一ページの公式声明さえも合意することができなかった。

エルカリのスタッフであるゴルカ・エスピオは、暴力と対話の欠如の相互作用について説明してくれた。「もし私の敵対者が、私が殺されることを容認し、人命に対する基本的な敬意を持たないとわかったら、私はどうやってその敵対者と人間らしいオープンな対話をすることができるでしょうか？　しかしながら、そのような対話なくして、どうやって暴力を終わらせることができるでしょうか？　私たちはまず、人を殺すことを止めるという合意に達するための政治的対話からはじめなければなりません。そうすることで初めて、より根深い対立を解決するために必要な人間らしい対話ができるようになるのです」

バスク地方の野党議員に会ったとき、彼は、暴力によって政治家同士のコミュニケーションがことごとく損なわれてしまったと語った。かつては協調的だった議会内の人間関係も、険悪なやりとりと重苦しい沈黙に変わってしまったという。彼に会ったあと、私は二階の傍聴席に座り、議会の審議を見学した。ある議員が、この対立の重要な法的側面について熱弁をふるっていた。半分が空席の議会内では、誰も彼の話を聞いていなかった。携帯電話で話したり、新聞を読んだり、メールに返信したり、居眠りしたりしていた。「いつもこんな感じなんですか」と係員に尋ねると、「そうです」と答えた。「議員の皆さんはいつも、討論の前に自分の投票先を決めてしまうので、演説を聞く必要がないのです」

バスク州の首相が言った二つの言葉から、行き詰まりの代償と、そこから抜けだすことの恩恵を垣間見ることができた。彼の話は、私も双方のバスクの人たちから聞いたことと重なるものだった。「ここでの争いは、部族や民族の違いによるものではありません。私たちの家族の多くは、民族主義者と非民族主義者とに真っ二つに分かれています。私たち兄弟がクリスマスに実家に帰ると、母は政治の話をしないようにと頼むんです。自分の一部を切り捨てなければならないような、つらい気持ちです」。その後、ETAが停戦を宣言した一九九八年から一九九九年にかけての首相在任期間中はどうだったかと尋ねると、彼は物憂げにこう言った。「電話が鳴っても、それが新たな爆撃や暗殺のニュースではないかと恐れずにすむということが、私にとってどれほどのことだったか想像もつかないでしょう。バスク社会の中で感情が花開いた、素晴らしい時期でした」

どの会合でも、私は南アフリカの変化、モン・フルー、その他多くの非公式なフォーラム形式の全当事者間での会合について話をした。バスクの人たちはそれまで全当事者間の会議をもったことはなく、興味を示したが悲観的であった。彼らはみな「この国にとって有益かもしれないが、不可能だろう。相手がこちらとの話し合いに応じるとは思えないし、私たちも向こうと話す準備ができていない」という反応を示した（このような膠着（こうちゃく）状態について、かつてネルソン・マンデラは、「紛争が長引くことの影響の一つは、何が可能であるかということに対する我々の視野が狭くなることだ。紛争は幾度となく、当初は想像もできなかったような変化によって解決されてきた」と述べた）。

*

この「話をしない、話を聞かない」というパターンは、行き詰まりを示す症状だ。当事者たちが話せる間柄であろうがなかろうが、聞く間柄ではないのだ。バスク地方の議員（そして他の多くの国会議員）のように、彼らは相手が話す前から自分の考えを決めている。たとえ黙って聞いているふりをしていても、実際には頭の中で持論を「リロード」して、反論のリハーサルをしているにすぎない。なぜ自分が正しくて相手が間違っているのか、自分の頭の中で何度もくり返し再生しているテープに耳を傾けているにすぎないのである。私のパートナーのオットー・シャーマーは、このような状況での話し方を「ダウンローディング」と呼んでいる。なぜなら、話し手は古いファイルになんら手を加えずにただ再生しているからである。当事者たちはときとして公然と暴力的に戦うこともあれば、ときとして礼儀正しく互いの相違点にふたをして、平和を維持するためにデリケートな話題を避けて通ることもある。いずれにせよ、彼らは新しい方法で自分自身を表現することができず、他人が話していることを受け止めることもできないまま、前に進めなくなっている。もしこのパターンを変えて、話すことと聞くことをはじめることができれば、彼らは発展できるのだが。

「話をしない、話を聞かない」というのは日常的によくあることである。これは問題を抱えた国々に限ったことではない。この章を執筆している間にも、二七歳になる娘のピュレーンと私は、これと同じパターンを展開していた。彼女は休暇で帰省していたときに、妻のドロシーと私に行き先を告げずに一晩中外出した。そこで私たちは、娘の「無責任さ」と私の「干渉」について口論をし、何年も前からくり返してきた言い争いをダウンロードしていた。私たちは互いに、自分が正しくて相手が間違っていると確信していた。「娘に間違っていると言っても娘が私の話を聞かないのなら、なぜわざわざ娘と話をする必要があるのだろう」と私は考えた。そして、「私が間違っているなどとくだらないことを娘が言い続けるのなら、なぜ私はわざわざ彼女の話を聞かなければならないのだろうか?」とも。私たちは怒鳴ることもあれば、慎重にその話題を避けることもあった。私たち自身も、バスク人と同じように行き詰まっていたのだ。

行き詰まった問題を解決するには、二つの方法がある。一つは、片方が一方的に行動し、権力など力の行使で解決策を押しつけようとする方法だ。バスク地方では、ETA、スペイン政府、バスク地方政府が、それぞれ独自にこの方法を実行しようとしていた。

問題を解決する第二の方法は、当事者同士が話し合い、耳を傾け、共に進むべき道を見いだすことである。南アフリカの人々は、自分たちの解決策を相手に押しつけることはできないと双方が悟ってようやく、しぶしぶ対話にたどり着いた。娘のピュレーンと私も、最終的には口論を終わらせることができた。互いへの愛があるからこそ、互いに背を向けることなく、対話を続けることができた。しかし、この原稿を書いている時点では、バスク地方の当事者たちは、未だ話し、聞く準備が整っていない。十分に機が熟していないのだ。対話を強制することはできない。したがって、仲裁人は彼らがオープンになるのを辛抱強く待たねばならない。

第5章
命ずる

行き詰まった問題を平和的に解決するためには、その問題にかかわる当事者たちが互いに話し、聞く必要がある。しかし、話し方や聞き方もさまざまであり、中にはあまり役に立たないやり方もある。

私は、このようなほとんど役に立たないコミュニケーションを、問題が山積しているパラグアイの現場で観察した。パラグアイの人たちは、自国に関するひどい話や突拍子もない話をするのが好きなようだ。二〇〇一年、私がパラグアイを訪れた最初の晩に、大統領選の候補者が、自滅的と言える三国同盟戦争（一八六四年〜一八七〇年）について自慢げに語ってくれた。この戦争でパラグアイは、ブラジル、アルゼンチン、ウルグアイという三つの大きな近隣国と戦い、国民の半分を失った。人口を再び増やすために、男性を他の国から連れてこなければならなかった。「我々は、荒々しい狂気の民族なのです」と、彼は仰々しく締めくくった。

最近のパラグアイの歴史も同様にひどいものだ。一九五四年に大統領に選出されたアルフレド・ストロエスネル将軍は、包囲、迫害、殺人、政治的粛清、虚偽の選挙などによって、三五年間も権力の座に君臨した。一九八九年に彼が失脚すると、興奮と楽観主義の波が広がった。しかし、再びあきらめの境地が訪れた。この国の機関の多くは腐敗している。あるパラグアイ人のCEOは「ロー・スクールのクラスメートの大半は、あらかじめ学位を金で買っているので勉強はしていませんでした」と話す。当時、彼は捏造された詐欺事件について最高裁で戦っていたが、相手側が裁判官の何人かに賄賂を渡していた。あるジャーナリストは、パラグアイの大統領が盗難車に乗っていることや、ウルグアイの大統領がパラグアイ議会で演説したとき、演台から時計を盗まれたというエピソードを語った。

ある人は「パラグアイにおける楽観主義者とは『順調だよ！　明日よりも今日の方がいい暮らしができているから』と言う人のことだ」と皮肉った。

私はパラグアイを訪れ、この国でもっともオープンで公共心にあふれた政治家、活動家、実業家、将軍、裁判官、ジャーナリスト、知識人、農業従事者、学生など四五人の人々と一緒に仕事をした。彼らは一緒に話すことに同意してくれたが、なかなか話が進まないことに私は戸惑いを覚えた。彼らのほとんどは、非常に疑い深く、皮肉屋で、悲観的で、オープンに話すことをためらっているように見えた。私には答えようのない質問すらも、彼らは私にその回答を任せた。会話は堂々巡りになり、理解し合えなくなり、約束は守られなかった。

こうしたパターンについて、私はチームのメンバーであり、著名な歴史学者でもあるミルダ・リバローラと話し合った。彼女は「独裁政権が人々に与えた影響を理解する必要があります。何をするにも承認や許可が必要でした。政府への批判は一切許されず、影響力を持つには、政府、軍、あるいは与党の一員になるしかなかったのです。そして、多くの人はそれに追従しました。ストロエスネル将軍は、スパイや情報提供者のネットワークを持っていて（その多くは自ら志願していました！）、人々を互いに対立させるように仕向けていました。他の全体主義や全体主義後の社会と同様、社会の分断は深刻でしたし、今でもそうです。この国の人々に見られる、信頼感や自発性の低さは、この抑圧の後遺症なのです」と語った。

このプロジェクトの責任者はホルヘ・タラベラという市民活動のリーダーで、成人教育やリーダー育成に何十年も携わってきた人物だった。彼は、当時の状況に対しても前向きで、私たちの取り組みが遅々として進まないことにも辛抱強く対応してくれた。彼は「パラグアイの人たちは、自分自身を管理することに慣れていません。いつも『ボスは誰だ？』と言っています。ストロエスネル後のパラグアイ初の文民大統領、ワスモシ大統領は自分の権威を誇示して

『ここで一番偉いのは誰だと思ってるんだ?』とよく言っていたそうです。このプロジェクトでは、自分たち自身の経験に価値を見いだし、自分たちは未来に影響を与えられるという自信を持つことを人々に求めています。つまり、自分のあり方を根本的に変えるよう働きかけているのです。これには相当の時間がかかるでしょう」と説明してくれた。

*

独裁政権では、独裁者は人の話を聞かず、人々は話すことを恐れる。その結果、悲観主義や冷笑主義が生まれ、自信と自己管理の欠如、声をあげ立ち上がることに対するためらい、そして苦痛なまでのイノベーションの遅れが生じる。

私は、極彩色で描かれたパラグアイでこの行動パターンを観察した結果、他の場所でもそのパターンを識別できるようになった。今日、大半の組織で見られるのが、上司は命令し、社員は自分の考えを言うことを恐れるというパターンだ。上司がいる会議での社員の発言と、会議以外の喫煙室、給湯室や居酒屋での発言とを比べてみるとよいだろう。メキシコで長年苦労した公務員からこんなジョークを聞いた。ある大臣が役人に「ワニは飛べるか」と尋ねると、「いいえ、大臣」と答えた。すると大臣は「私は飛べると思うぞ」と言った。その役人はすぐさま「はい、その通りです、大臣。でも、地面すれすれを飛ぶんですよね」と返した。このジョークは、私がこれまで関わってきたほとんどの組織の上司と部下の関係にも当てはまる。

聞かないことの根底にあるのは、知っているという驕（おご）りだ。もしすでに真実を知っているならば、なぜ人の話を聞く必要があるのか？　礼儀正しさか、あるいはずる賢さで、話を聞くふりをするべきなのかもしれない。でも、本当に必要なのは、自分が知っていることを話し、それでも聞いてくれないなら、もう一度、より力をこめて話すことなのだ。あらゆる権威主義的体制は、ボスなら唯一の正解がわかる、あるいは知っているという前提の上に成り立っている。

私は、政治的独裁と組織の権威主義が類似していることにしばらく気づけなかった。なぜなら、権威主義は私がずっと浸かっていた世界だったからだ。ＰＧ＆Ｅ社に入社したとき、厳密な指揮系統に疑問を持つことなど思いもよらなかった。経営委員会のリトリートに参加するまでは、トップにいる上司はより賢く、トップにいるのがふさわしいことだと信じていたのだ。さらに、私はいつも上司の近くで一流の仕事をしていた。組織の上から見ると、権威主義がもたらす退行的な結果にはなかなか気づけないものだ。のちに、コンサルタントとして上司と部下の両方にインタビューしたときに初めて、権威主義のシステムが下から見るとどれほど抑圧的に見え、感じられるかを理解した。

私が独裁主義と権威主義の類似性が見えなかったもう一つの理由は、独裁者は人々を黙らせるために残忍な行為をせざるをえないと思いこんでいたためだ。そんなとき、ティナ・ローゼンバーグがアウグスト・ピノチェト将軍の時代のチリについて書いたエッセイを読んだ。

チリ人は決して従順でもお人好しでもなかったが、それを身につけるのは難しくはなかった。ピノチェトの集会に参加しなかったために職を失った人がいても、翌月にはその隣人が集会に行き、横断幕まで持参してかざした。仕事を続け、刑務所に入らず、クリスマスはおもちゃの入った袋を受けとるために黙っている必要があるのなら、チリ人は沈黙を貫いた。

しかし、どこの国でもそうであるように、チリにも黙っていられない人たちがいた。そのような人たちには、拷問と死というべつの脅しの手段が用いられた。ピノチェトは、人々を黙らせるのにほどよい程度で拷問の恐怖を用いた。知らぬふりを決めこみたいチリ人たちが眠りから覚めない絶妙の頃合いだった……。

抜け目のない独裁者は、すべての人を押し潰すようなことはしない。単に誘惑すればよいのだ。人々には、沈黙と服従と引き換えに、平穏な通りや輸入車、あるいは自分の代わりに誰かが考えてくれるという贅沢を提供するのである。独裁はチリ人を抑圧するだけでなく、堕落させたのだ。

また組織における権威主義は、抑圧、誘惑、腐敗によって、沈黙と服従を生みだす。私はかつて、フォーチュンが選ぶ急成長企業一〇〇社に選ばれたある好調な通信会社の経営陣と一緒に、イノベーションのプロジェクトに取り組んだことがある。その会社の創業者兼CEOは、才気あふれる人物であると同時に、暴君でもあった。高給取りの上級管理職たちは、彼を敬い、恐れていた。彼らはおっかなびっくりCEOの機嫌を伺い、機嫌が悪いと聞けばパニックに陥るパターンに多くの時間を費やしていた。そして、自分はこれでよかったのだろうかと後悔しながら、明らかに彼が強い意見を持っている分野には立ち入らず、ある方向性を決めて取り組みはじめても、彼が眉をひそめると突然方針を覆していたのだ。

これはまさに企業版アパルトヘイト症候群であり、複雑なシステムを力の行使と恐怖で管理するものである。ビジネス・ライターのハリエット・ルービンは「驚いたことに人々は、街では自由な市民であっても、職場では奴隷であることを受け容れようとしている」と、かつて私に語った。

その通信会社の管理職たちは、CEOのスタイルを踏襲して部下に接していた。そして私は、自分自身も同じような行動に陥り、用心深い政治工作や権威主義的な専門家気取りが徐々に高まっていることに気づき愕然とした。そうした態度は、私たちのプロジェクトが意図したイノベーションを触発するどころか、それを妨げる行動パターンばかりを強化した。この会社が成功し続けたのは、ビジネス・システムが高度に中央集権的であり、ＣＥＯがシステム全体の優れた戦略を指示し続けたからに他ならない。このような上級管理職たちと何十年も一緒に仕事をしてきたある社員はこう話す。「彼らは元気がなく、腑抜けになってしまった。何もしようとしない。上司が何もさせてくれないからだ、と堂々と言い訳する。昔は気概があったのに、今ではない。言い訳がましい。みんな高い給料をもらっているのに良心の呵責（かしゃく）を感じていない。骨抜きにされてしまった。魂を吸い取られてしまったんだ」

通信会社の管理職に関するこうした記述は、ローゼンバーグのチリ人についての記述と重なる。私は、社長、ＣＥＯ、軍高官を含め、一緒に仕事をしてきた多くのシステム内の多くの人々が同じ言葉を口にすることに気づいた。「上の連中は私に何もさせてくれない」だ。これは権威主義が蔓延し、内部化していることの表れだ。

問題解決のための権威主義的なアプローチとは、上司が、頭脳明晰な専門アドバイザーやコンサルタントを交えて、解決策を決定することだ。単純な問題であれば、これは非常にうまくいく。警察官が交通量の多い交差点で交通整理をする場合は、一方的な意思決定で十分事足りる。この問題は、ダイナミックな複雑性が低く（交差点の交通における原因と結果が近接しており、即時性があり、明白である）、生成的（ジェネレイティブ）な複雑性が低く（過去の交通規則が完全に適用できる）、社会的（ソーシャル）

な複雑性が低い（すべてのドライバーに交通をスムーズにするという共通の目的があり、進んで警官の権限に従う）。

しかし、権威主義的なアプローチは、複雑な問題を解決するには適していない。ベルリンの壁崩壊直後の一九九〇年代前半に、ある世界的なコンピュータ会社が東欧に製品を売りこもうとしている状況を考えてみよう。ＣＥＯは会社の販売戦略を適切に指示することはできない。コンピュータ市場の発展は、遠く離れた（シリコン・バレーの）意思決定や、遠い昔の（共産主義の産業計画策定者による）意思決定に影響される。したがって、販売「問題」は、全体像をもってしか把握できない高度にダイナミックな複雑性があるため、ＣＥＯは、システムのさまざまな部分に直接触れている現場のスタッフと共に考える必要がある。また、政治的・技術的な改革の渦中にある問題の状況は、生成的（ジェネレイティブ）な複雑性が高い。つまり、あらかじめ正解があるわけではないので、その場その場で対応するしかない。そしてこうした問題は、グローバルおよび現地のスタッフ、顧客、サプライヤー、政府関係者など、問題の当事者たちが参加しないと解決できないため、社会的（ソーシャル）な複雑性が高い。残念ながら、この権威主義的なアプローチは、そうした厳しい限界がありながらも、事実上すべての民間および公共部門の戦略立案の基盤となっている。戦略家が指示し、他の人たちが従うのだ。シェルでの私の元上司であるキース・ヴァン・デル・ハイデンは、次のように指摘する。

戦略立案に関する文献のほとんどは、思考と行動を別々に体系化した「合理主義派」に属する。この学派の暗黙の前提は、最適な解は一つであり、戦略家の仕事は、限られたリソースの中でその解にできるだけ近づけることである、というものだ。戦略家は組織全体に代わって考え、いくつもの選択肢の中から、最大の効果をあげるプロセスとして、最適な戦略を導きだす。最適な進め方が決まったら、次に取り組むのは行動の問題（いわゆる「実行の問題」）だ……合理主義派の（やや非現実的な）前提は、「予測可能性」「外部からの干渉がない」「明確な意図」「計画にしたがって実行する（行動から独立した思考）」「組織全体の完全な理解」「合理的な人は合理的な行動をとる」である。

この合理主義派の「裸の王様」にも似た説明は、私がバークレー校で学び、ＰＧ＆Ｅ社で適用したアプローチを的確に言い表している。バークレー校での私のトレーニングは、純粋な理性を使って一つの正しい答えを導きだすというもので、カナダやブラジルのエネルギー政策について私がしていたことも同じだ。ＰＧ＆Ｅ社のプランナーとしての私の仕事は、会社にとって最適な戦略を考え、上司や経営委員会を説得して承認させることだった。そして、その後、べつの誰かがそれを実行に移す手はずとなる。

権威主義的な話し方は、上司や専門家が上から目線で命令や指示を行い、それ以外の人は警戒しながら話すというものだ。これは閉じた方法であり、複雑な問題を解決するためには、もっとオープンな方法を見つけなければならない。

第6章 礼儀正しく話す

困難な問題を平和的に解決するためには、人々がオープンに話す意志が求められる。パラグアイでも通信会社でも、人々は権威主義的な報復を恐れてオープンに話すことをためらっていた。母国のカナダで、あるプロジェクトに参加した際、私はべつの種類のためらいがあることに気づいた。人々は、誰かの感情を害したり、自分が恥をかいたりすることを恐れてオープンに話すことをためらうのである。

私たちカナダ人は礼儀正しい。だからといって、私たちに他国の人々と同じような葛藤や情熱がないわけではなく、それを話したがらないだけだ。かつてカナダの小説家マーガレット・アトウッドが言ったように「英国系カナダ人が表情をあまり変えないからといって、感情を持たないわけではない」のだ。こうした礼儀正しさは、私たちが課題に取り組む際に役立つこともあれば、妨げになることもある。

一九九六年、私はカナダ人のチームと一緒に、ケベック分離派とカナダ連邦主義者の間で長年続いてきた憲法上の緊張関係（バスク紛争と似ているが、そこまで暴力的ではない）を進展させようとしていた。政治家や官僚は何十年にもわたってこの問題を解決しようと試みてきたが、うまくいかなかった。

私は母国に帰ってきたわけだが、それにはメリットもあればデメリットもあった。私はこの国についてよく知っていた、あるいは少なくとも知っていると思いこんでいたため、判断を急いだり、結論に飛びついたりせずに話を聞くことが難しくなっていたのだ。専門家であることは、聞くこと、学ぶことの大きな妨げになる。

知的な面でリーダーシップを発揮したのは、知性的で知識豊富な連邦政府の公務員四人であった。彼らは、このチームのメンバーの中で誰よりも、これまで紛争を解決しようと心から努力してきたものの挫折し、そのためにもっとも失望し、恥をかいた人たちであった。ゆえに、このチームが変化をもたらす可能性に対して慎重であり、冷笑的でさえあった。また、彼らは冷静に、概念的に、そして礼儀正しく問題を語ることに長けていた。私も、このような話し方を心地よく感じ、オープンで感情的な対立は苦手だった。

チームは私たち五人のリードに従ったため、会話のほとんどがよそよそしく、抽象的で冷静なものにとどまった。ときおり、若者や活動家、起業家の誰かが熱くなることもあるが、またすぐに落ちつく。あるセッションで、一人の医師が「先住民（カナダ・インディアン）のコミュニティではアルコール依存症が深刻な問題だ」と発言したが、怒りを買い、彼は黙りこんでしまった。

そんな冷静さのベールがはがされた瞬間があった。ある晩、私はチームのメンバーに、カナダの制度を理解するうえで参考になるような個人的な体験談を話すよう呼びかけた。そのセッションの半ばで、ケベック州出身のフランス語系の青年がこう語った。

　正直言って、このセッションをはじめたとき、運よく時間切れで私まで順番が回ってこないことを願っていました。でももし番が回ってきたら、家族の話をしようとも決めていました。私の父はオンタリオ州サドベリーの出身であり、オンタリオ州のフランス語系住民です。父の家族は代々そこに暮らしていました。

　祖父は大工でしたが、私の父は学校が好きだったので、自分の育った地域社会や家族の標準以上の勉強をすることにしました。そして、（オンタリオ州州都の）トロントに行って教育を受け、自分の計画を実現しようとしました。というのも、オンタリオ州のフランス語系住民は英語系住民に牛耳られ、父の周りのフランス語系住民は皆とても貧しかったのです。父は英語圏の人々のようになりたいと考えていました。しかし、大変な苦労を背負います。トロントはサドベリーとは違い、フランス語系の人はほとんどおらず、とても孤独を感じました。父はそこのシステムになじむことができず、落ちこぼれてしまったのです。

そして、父は「フランス語系住民が多数派のところへ行こう」とケベック州に移り住みました。ケベック州のフランス語系の人たちなら力を持っているに違いないと考えたからです。（ケベック州最大の都市である）モントリオールに到着した父は、疾走する機関車に轢かれたような気分になりました。トロントのフランス語版のような街を期待していたのに、モントリオールは英語圏の街だったのです。看板はすべて英語で、ダウンタウンのどこに行ってもフランス語のサービスは受けられません。あるとき、絶望していた父は、フランス語で書かれた「ケベック人のためのケベック」という落書きを目にしました。それ以来、民族主義の議論と政治に関心を持つようになったのです。

この話をしたのは、多くのケベック人が抱える背景、私たちがカナダをどう捉えているかを多少なりとも説明するためです。さまざまな歴史的な理由から、カナダは建国の当初に期待されたようなバイリンガルの国にはなっていませんし、今後もそうなるとは思えません。おそらく、建国のときに思い描いたものとはまったく違うプランを考えなければならないでしょう。

私はこの話をとても興味深く感じた。私はケベック州の英語系マイノリティの一員として育ったが、二五年間新聞で読んできた分析よりも、この五分間の個人的な物語から、分離主義を推進する根本的な力をより深く理解することができた。この話は他の人の心にも響いたが、私にはその重要性を認識する心の余裕がなかった。この話はそのまま流れ、私たちは何事もなかったかのようにセッションを続けた。

チームはいつになく、結論を出すのに戸惑った。そのため、急遽予定にはなかった五回目のミーティングを開催し、事態を打開することになった。最終的に、私たちは次のような洗練された抽象的なメッセージをまとめ上げた。「カナダは急速に変化する世界に迅速に適応しなければならない。漸進的なアプローチは危険である。成功するかどうかは、ガバナンスシステム（カナダとケベック州の間の憲法上の合意を含む）が劇的に変化するか否かよりも、具体的にどのような変化を遂げるかにかかっている」

ワークショップが終わると、すぐにそのプロジェクトは立ち消えになってしまった。何人かのチーム・メンバーは、私たちの結論を学会や会議で発表した。そして、私たちの仕事は忘れ去られた。

＊

礼儀正しさとは、話さないことの一形態だ。礼儀正しくしているときは、言うべきと考えていることを言うものだ。例えば「お元気ですか?」「元気です」といった具合に。社会的断絶を恐れて、本当に思っていること、例えば「お元気ですか?」に対して「最悪です」とは言わない。私たちが礼儀正しく話すとき、私たちは共通の見解に沿って、周囲に溶けこもうとすることで、たとえ社会システム全体が病んでいたり偽りのものであったりしても、一体性を保ち、変わらないように気を配る。概念的なことだけを話すのは、礼儀正しくあるための一つの方法だ。通常、私たちは自分が礼儀正しさのルールに従っていることに気づいてもいない。しかし、私がPG&Eやシェルに入社したときのように、見慣れないルールがあるシステムに入って初めて、私たちはそのルールに気づく。

カナダ人のチームの大半は、現状に満足していた。なにしろ、ほとんどのカナダ人はよい暮らしをしていたし、戦争もなく、ケベック州とカナダの行き詰まりに影響を受けている人もほとんどいなかったからだ。もし国が変われば、自分たちが面倒な目にあったり、居心地が悪くなったり、危険な状況に陥ったりするかもしれないと恐れていたのだ。そのため、私たちは無意識のうちに安全で概念的な、礼儀正しい会話を心がけていた。私たちが合意した結論は、冷静で中立的なものだった。私たちが態度を明確にしたのは、慎重さに対してだけだった。私たちの恐れと礼儀正しさは、結局は変化を行き詰まらせることになったのだ。私たちは、このプロジェクトの形式的な目的は達成したが、誰かの目に留まるような結果を出すことはできなかった。

　ケベック人の青年は、このルールに従わなかったからこそ際立ったのだ。彼は、概念的ではなく個人的なことを話し、情熱的だった。自分の信じるもののために声をあげた。そういう意味で、彼は礼儀に反していた。だからこそ、彼のスピーチは耳障りであると共に、心を揺さぶるものであった。

　誰かが個人的に、情熱的に、心から話すと、対話が深まる。オープンに話す習慣を身につけると、チームが取り組んでいる問題が変化しはじめる。それに対して、慎重になりすぎる癖は、問題をあいまいにし、膠着（こうちゃく）状態をもたらす。カナダ人のチームは結論に達するのに苦労した。なぜなら、私たちの会話は、私たちが真に共有している基盤を探り当て、そこから全員が信じる進むべき道を築いていくには、十分に深まらなかったからだ。

このような礼儀正しさのダイナミクスは、普通の家庭でも見られる。私たち兄弟はみんな、実家に帰省すると、デリケートな話題は避けて（あるいは特定の話題は特定の人としか話さないようにして）、物事を慎重にコントロールしながら礼儀正しく話す。自分の本音を口にすると、相手が傷つくのではないか、動揺するのではないかと心配になる。家族全員がバラバラになってしまうことを恐れる。どちらにしてもあまりいいことではない。だから、私たちは皆、いつもと同じことを言い、同じ会話と同じ家族の現実を何度も何度も再生している。礼儀正しさは現状を維持するのだ。

＊

私がこれまで参加した世界中のあらゆる種類の組織の会議のほとんどは、カナダ・チームの集まりや私の家族の集まりと同様に、礼儀正しいものだった。通常、これは問題になるようなことではない。議論されている問題は単純で、慎重に、冷静に、愛想よく話したり聞いたりすれば、十分に対処できるものだからだ。しかしときには、このような会話ではまったくもって不十分で、危険な現実が対処されることなく、放置されてしまうことがある。

映画『謀議／コンスピラシー　アウシュビッツの黒幕』は、そんな会話を描いている。

一九四二年一月二〇日、ベルリン郊外のヴァンゼーの大邸宅で行われた九四分間の会議の実話である。ケネス・ブラナーが演じたのは、この会議の議長であり、SS（ナチス親衛隊）およびゲシュタポの長官ハインリッヒ・ヒムラーの右腕で、魅力的で都会的なラインハルト・ハイドリヒである。アドルフ・アイヒマンらナチス幹部が、食事やワイン、葉巻を楽しみながら、ヒトラーの「最終的解決」の詳細を議論し、合意したのがこの会議である。私がこの映画を観て寒気を覚えたのは、この映画が少しもドラマには見えなかったからだ。ごく普通のビジネス上の会話を見ているような気がした。ハイドリヒは冷静に、そして巧妙に議題を進めていく。彼はみんなに自分の意見を述べるよう勧める一方で、私が数えきれないほどの会議で見てきたような微妙な圧力をかけて、反対意見は受けつけないことをはっきりと示している。メンバーの何人かはハイドリヒの計画に深い懸念を抱いていたが、彼らは「チーム・プレーヤー」と見なされたいと考えており、最終的には彼に従った。そして恐ろしい計画は承認される。

現状がうまくいっている間は、私たちは礼儀正しくしている余裕がある。しかし、現状がもはや機能していないことがわかったら、声をあげなければならない。

第7章 率直に話す

世界でもっとも暴力的な国、コロンビアの現在の状況は、ほとんど誰にも益をもたらしていない。コロンビアは、対人口比で殺人と誘拐の件数が世界一多い国である。この国には、独自に発達した暴力学と呼ばれる学問分野がある。一九〇〇年代の前半、コロンビアでは二度の流血の内戦があり、二番目の内戦は単に「暴力」と呼ばれていた。一九六〇年代以降は、軍、麻薬密売人、左翼ゲリラ軍、右翼の準軍事的自警団との間の紛争激化に苦しんできた。しかし一方で、同国は一八五年の歴史のうち、五年間をのぞいてすべて文民政府を選択しており、ラテン・アメリカでもっとも長く続いた民主主義国家だ。他の多くの土地と同様、悲劇の国であると同時に驚嘆すべき国でもある。

一九九六年から一九九七年にかけて、「デスティノ・コロンビア」というチームが、モン・フルーのアプローチを使って自国のよりよい道を探っていた。当時からこの文章を執筆中の現在に至るまで、麻薬密売人をのぞくすべての武装勢力と、政治家、ビジネスパーソン、市民社会の代表者といった多様なグループが集まって、互いに話し、耳を傾け、暴力から抜けだす道を探った唯一の機会である。

私たちは、メデジン郊外のなだらかに起伏する緑の丘陵地帯にあるレシント・キラマという美しい古い農場で三回、合計一〇日間顔を合わせた。天井の高い納屋は会議室になり、屋外の玉石を敷きつめたダイニングルームとバー、プール、庭の花々に囲まれた簡素な寝室をすべて独占した。私は初回ワークショップがはじまる前日に到着し、争いのさなかにこんな静けさがあったとはと驚いた。プールに泳ぎに行き、水面から顔を出してみてプールがマシンガンを持った兵士に囲まれていることに気づいた。この会合を攻撃から守るためのものだった。

このプロジェクトの特筆すべき点は、非合法の武装左翼ゲリラ組織であるコロンビア革命軍（FARC）と民族解放軍（ELN）の両方が参加したことだ。その六カ月前、私はボゴタの集会でモン・フルー・プロジェクトについて講演した。近くの山に潜伏しているFARCの幹部も聞けるようにと、短波ラジオで放送された。講演が終わると携帯電話が鳴った。それは一人のFARC幹部からで「シナリオのワークショップに参加するためには、停戦に応じなければならないのか」と尋ねてきた。みんな私の顔を見ていた。私は「聞き、話す意志があることだけが参加条件だ」と答えた。それが正しい答えであることを願いながら。彼らは「参加する」と答えた。

政府からワークショップへの安全な通行許可が出ていたが、ゲリラたちはあまりに危険だと考え、電話で参加することになった。三人はメデジン郊外の最高警備刑務所の政治犯収容棟から、一人はコスタリカの秘密の隠れ家から電話をかけてきた。そのときのやりとりには現実とは思えないような場面もあった。例えば、ゲリラの一人は刑務所の公衆電話から電話をかけていて、「あと数分間分の硬貨しか持っていないが、シナリオの草稿に自分の意見を述べたい」といった具合に。

チーム・メンバーの多くがゲリラと話すのは初めてであったため、ひどく怯えていた。会議室の二台のスピーカーホンを使ってやりとりしたのだが、そのそばを通り抜ける人は、近づきすぎないように、電話機から距離をとって歩いた。ゲリラに何を話すかによっては報復されるのではないかと怯えている参加者もいた。私がこの不安に言及すると、ゲリラの一人がこう答えた。「カヘンさん、その部屋の人たちが怯えていることになぜ驚くんですか？　国中が怯えていますよ」。そして、ゲリラたちはミーティングで何を話そうとだれも殺さないと約束した。

暴力の脅威がなくなると、チームは会話のためのグラウンドルールに合意することができた。

「率直に話すこと、皮肉らずに違いを表現すること、人は誠実だという前提に立つこと、寛容で、規律正しく、時間に正確であること、具体的で簡潔であること、秘密を守ること」である。チームはこのグラウンドルールに誇りをもち、これらのルールは無法と暴力が蔓延するさなか、話し、聞くためのしっかりした安全な場づくりに役立った。

この安全な繭の中で、メンバーたちはオープンな関係を築き深めていった。しばらくすると、ミーティングの休憩中に、参加者がスピーカーホンの周りに群がり、ゲリラと話しつづけるようになった。一日中懸命に働き、夜遅くまでバーで語り、笑い、ギターを弾く。カナダで育った私とは違う、彼らの心のこもった取り組みとコミュニケーションのあり方に、私は深い感動を覚えた。

チームはこの綱渡りのようなダイナミクスについて冗談を言い合っていた。ある日、共産党の書記長が、退役陸軍大将と夜遅くまでデュエットを歌っていた。その翌朝、開始予定時刻になっても彼が会合に姿を現していなかったので、彼の身に何が起きたか、たくさんの軽口が飛び出した。ある人が「将軍が彼を歌わせたんですよ」と言い、右翼の自警連合の代表がふざけて脅すような口調で「彼を最後に見たのは私だ」と言った。その数分後に共産党の書記長が部屋に入ってきたので、私はほっとした。参加者の約半数は、紛争で肉親を亡くしていた。ある人は妹を誘拐されて殺され、ある人は息子を殺され、ある人は父親を暗殺された。しかし、そのような人たちほど、エネルギッシュで心を開き、共通の基盤を見つけようとしていることに気づいたとき、私は驚きを隠せなかった。

活動が進むにつれて、チームはびくびくしなくなり、率直に話すようになっていった。特に印象に焼きついているのは、地主の一人が次のように話したことだ。ゲリラとの争いを身をもってさんざん体験してきたゆえに、ゲリラはまったく信用していないし、ゲリラに対する軍事行動を強めなければ、この国が平和になる見こみは薄いと確信している、と。勇気のいる発言だった。ゲリラばかりか、交渉による解決が可能だと期待して信じている残りのメンバーに単刀直入に異議を唱えたのだから。彼は進んで正直になり、物議を醸す立場をとったのだ。しかし、そのときまでにチームの関係はそんな発言を聞いても決裂しないいくらい強くなっていた。それだけでなく、その地主が自分の考えていること、感じていることをずばり話したとき、それまで部屋を覆っていた考えや感情のもつれの霧が晴れ、メンバー全員がチームや国の根底にある重要なダイナミクスを見ることができた。

この洞察は、チームが発表したシナリオの一つ「**前進**」に活かされている。このシナリオでは、平和の試みが失敗したことに苛立ち、崩壊した国家の再建を目指すコロンビア人が「厳しい問題には厳しい解決策が必要だ」と考え、軍事力によって秩序を押しつける強い政府を選出する。シナリオ・チームの中で率直に話すことで、国に対して率直に話すことができるようになった。

コロンビアの暴力がどのように終わるのか、はたして終わるかどうかさえ私にはわからない。デスティノ・コロンビアのチームは、平和的に協力し合うことに成功したが、他のすべての試みと同様に、国全体に同じダイナミズムを生みだすことには失敗した。国連が主導した調査では、このプロジェクトは「知られざる宝物」と評された。一九九八年から二〇〇二年までコロンビアの大統領を務めたアンドレス・パストラーナは、交渉によって戦争を終わらせようと試みたが失敗した。彼の後継者であるアルバロ・ウリベは、この国の問題に交渉は役に立たず、力の行使によってのみ解決されると結論づけた。ウリベは、ゲリラに対する軍事作戦を強化したのだ。これは「前進」シナリオに書かれていた選択肢だった。

＊

オープンな道のりの第一歩、つまりアパルトヘイト症候群から抜けだす第一歩は、システムの当事者が声をあげることだ。多くの場合、これはきわめて難しい。殺されるのではないか、投獄されるのではないか、解雇されるのではないかといった特別な理由もあれば、嫌われるのではないか、無礼だ、愚かだ、チーム・プレーヤーではないと思われるのではないかなど、ありふれた数多くの理由からも、人々は自分の考えを口にするのをためらうのだ。

コロンビアで仕事をしていた頃、私はシアトルのバスティア大学で応用行動科学の修士課程をパートタイムで受講していた。物理と経済しか学んだことのない自分がファシリテーターとしてやっていくことに限界を感じ、リーダーシップの専門的トレーニングが必要だと考えたからだ。私はほどなくして、リーダーシップを学ぶということは、リーダーである自分がどういった働きをするかを学ぶことであり、率直に話すことに対する自分自身の恐怖に向き合うこともその一つだと気づいた。

このリーダーシップ・プログラムの核となる学習プロセスは、一九六〇年代に米国国立訓練研究所で開発された「トレーニング・グループ（Tグループ）」にもとづく一種の意識のトレーニングであった。このプロセスでは、六人が輪になって座り、先生や他のクラスの人たちに見守られながら、二〇分ほど話をする。唯一のルールは、「今ここ」に関することだけ話すということだった。誰かが言ったばかりのこと、あるいは自分の中から湧き上がってきたことに対して、今この瞬間に考えていること、気持ち、感覚、望んでいることを話す。このプロセスを通じてごくありふれた会話が交わされる。「メアリーの声のトーンに関するあなたの発言を聞いて、私は顔を紅潮させて腹を立てていると感じます」。同時に、この経験は非常に豊かなものだった。なぜなら、この安全な教室の空間で、私たちはクラスメートたちから、その場で率直なフィードバックを得ることができたからだ。

このTグループのセッションで、私は自分自身の行動パターンについて実に多くのことを学んだ。当初私は、場に対して一歩引いて観察し、スマートなコメントをする傾向があった。私のそうした態度へ、「よそよそしく、閉鎖的で、見下したような印象を与える」とのフィードバックを受けた。自分が望んでいたものとはほど遠いことであった。私は、自分自身が個人版アパルトヘイト症候群に陥っていることに気づいたのだ。オープンに話すことをためらっていたのは、自分が本音で話すことで、他のメンバーが怒って距離を置き、衝突が起きて、グループが暴走し、分裂してしまうのではないかと考えたからである。しかし非常に驚いたことに、実際にはその正反対で、私がオープンになればなるほど、他のメンバーは私に対して親近感を持ち、グループもより親密になっていくことを発見した。

また、自分の行動パターンが、いかに自分の家族関係のダイナミクスに根差しているかについても実感した。子どもの頃、私は両親の口論から自分の身を守るために、争いから距離を置くことを学んだ。今、このような状況への対処法を変えようと思ったら、この深く根づいた反応から学び直さなければならない。それは生易しいことではなかった。自分自身を理解し、変えていくというこの課題は、他の誰かを理解し、変えていくこと、ましてや集団や大きな人間システムを理解し、変えていくことの見通しに対する謙虚さを、若干なりとも私に教えてくれた。

このコースの安全な環境の中で、私は率直に話す能力を身につけ、権威や対立に建設的に対処することができるようになった。そして、デスティノ・コロンビアのチームが同じように行動できるようサポートすることができたのだ。しかし、今でも多くの場面で、自分の考えを口にするのをためらってしまうことがある。だからこそ、より一層危険な状況で、多くの人が勇気を出して率直に話すという重要な一歩を踏み出せないのは当然だ。そして、率直に話すことが何より重要なときこそ、そうしづらいことが多い。

その意味で、デスティノ・コロンビアのチームの行動は模範的であった。コロンビアのような悲惨な紛争の最中には、多くの人が、殺されはしないまでも、精神が滅入り、壊れてしまう。しかし、その一方で、心が浄化され、立ち上がる人もいる。非日常的な状況は、普通の人をヒーローに変える。

デスティノ・コロンビアでは、戦争からもっとも直接的な被害を受けた人たちが、会議の中でもっとも勇気ある、変化のきっかけとなる発言をした人たちであった。バスク地方のプロジェクトでは、私が出会った中でもっとも率直でオープンな人は、ＥＴＡに夫を殺された女性だった。彼女は当時、紛争の双方の当事者の被害者を支援するようになっていた。彼女は「被害者が寛大なのは、もう失うものがないからです。政治家がそうさせてくれるなら、私たちは解決への道を開けるはずです」と語った。

これらの人たちは、自分の置かれた状況にとってそれが必要だと信じているからこそ、勇気を出して自分の見たこと、考えたことを口にする。彼らは、自分がもっとも大切にしているもの、つまりコントロール、アイデンティティ、地位、権力、人生を失うことへの恐怖を克服する勇気を持っている。これらの人たちは、私たちが現状を変えたいと願うならば、家庭や職場や地域社会といった、もっと普通の状況で何をすべきかを私たちに示してくれている。私たちは率直に話さなければならない。

第8章 話すだけで聞かない

「率直に話す（コロンビアの例）」ことは、「礼儀正しく話す（カナダの例）」「警戒しながら話す（パラグアイの例）」「まったく話さない（バスク地方の例）」よりも、問題をより詳しく知り、多面的に理解できるという点で優れている。しかし、問題について話すだけでは、何も変えられない。さらに何かが必要だ。

私がこのことを思い知ったのは、カリブ海で開催されたある会議に参加したときだった。その会議には、社会のさまざまな立場の著名なリーダー六〇人が招かれ、この地域で何が起きているのか、どうすればよいのかについて話し合った。参加者は、貧困、エイズ、麻薬取引、移民、政治の派閥闘争、経済の停滞、治安の悪化など、複雑に絡み合った問題について悲観的に語った。一方で、民主主義や言論の自由については誇らしげにこう語った。政治家は国会や公の場で活発に議論しているし、新聞は切れ味鋭い報道や真剣な分析で埋め尽くされている。一般市民は「推論」に何時間も費やしながら、自分の家や隣近所、ラジオの聴取者参加番組で長々とオープンに話していた。

参加者はそれぞれ思慮深い意見を持ち、発言していた。しかし、こんなにたくさん話をしても結果が伴わないことに、大きな不満も感じていた。元首相の一人は「この国には、問題を話し合えば解決したことになる、という考え方がある」と言った。あるコミュニティ・オーガナイザーの女性は、強い信念と焦燥感にかられてこう言った。「私たちは、ここで何度も何度もうんざりするほど話し合っています。でも、ただ話しているだけです。話し合いのほとんどは、なんの変化にもつながっていません。私たちが本当に前に進むためには何が必要なのでしょうか?」

問題解決のための従来型アプローチの大半は、話すこと、特に権威主義的で、上司や専門家に多い話し方である「命ずる」ことに重点を置いている。ディベートでは、各陣営は事前に自分の見解とスピーチを準備し、それを審査員の前で発表し、もっとも説得力のあるスピーチが選ばれる。裁判所や取締役会、そして議会でも同じプロセスが行われる(ただし、議員は通常、スピーチを聞く前に自分の意見を決めている)。専門家が見解をまとめて発表し、権力者がそのすでに出来上がった見解の中から裁定する。この方法は、すでにつくられた選択肢から決定するには有効だが、新しいものは何も生まれない。

大半の従来型アプローチで無視されてきた、新しいものを生みだすために必要なもう一つの要素、それは「聞く」ことだ。

二〇〇二年の終わりに、私はグローバル化における課題を議論する小さな会議に出席した。政治家、経営者、活動家、知識人など、世界中から苦労して集められた素晴らしい、多様性に富んだグループであった。イラク戦争の勃発が間近に迫る中で、グローバルな問題をいかに平和的に解決するか、そのプロセスに米国はいかに参加するかということが、喫緊の主要なテーマであった。会議の目的は、より公平なグローバル・ガバナンスの体制を構築する方法を探ることだった。

この会議の主催者兼議長は、誠実で思慮深い米国人であった。彼は、あらゆる視点を雄弁に、かつ積極的に伝える識者を何人も招いた。質疑応答では、聴衆の中から興味深いことを言いそうな人を選び、全員に発言の機会を与えた。ある視点が見逃されていると思えば、彼自身がそれを強調する。

この会議でもっとも注目されていたのは、米国の動向である。参加者の多くが同国を厳しく批判したので、米国人たちの中には、この会議の主要スポンサー企業一社も含めて、防衛的になる人もいた。議長は米国人が不快に思って出て行ってしまうことを恐れ、批判している人たちに発言のトーンを抑えるように頼んだ。そして、スポンサー企業の米国人に、最終スピーチを頼んだ。スライド一〇〇枚を使って世界情勢を俯瞰した、自信たっぷりのスピーチだった。

この会議では、新しいグローバル・ガバナンスの体制に向けた前進の動きをつくるという目的を達成できなかった。むしろ逆に、欠陥の多い既存の体制の縮図を露わにすることになった。入念に練られた一連のモノローグの中で、すべての主要な視点がくり返し提示され、著名人の視点が優遇された。識者は互いの意見を聞くこともなく、用意した発言を行う順番を待っているだけだった。権力をもつ者を不快にさせないかぎりは、誰でも発言することはできた。米国のスポンサーの最終発言で幕を閉じたが、それは講義でしかなかった。

この会議は、話すことを中心にすべてが構成されていた。聞くこと、つまり新しいものを受け容れ、流動的になり、そして変化していくというプロセスにはまったく目が向けられなかった。議長は、非礼や不快な態度を排除した。そのため、この素晴らしいグループが持っている大きな可能性が発揮されないまま、「聞こえない者同士の対話」に終始してしまった。唯一の前向きな動きは、休憩時間や飲食時に、会議室の外で参加者が自由に話したり聞いたりしたときに生まれた。話すだけでは、たとえ有名人の素晴らしいスピーチであっても、新しい現実をつくりだすことはできない。ほとんどの場合、古いものを再生産しているだけだ。

私自身の行動もこの会議ではあまり役に立たなかった。議長や識者たちを見てあれほどうんざりだと思った問題に、自分自身も陥っていたのだ。会議場の廊下で人と話すとき、私はどれほど演説にうんざりしたかを偉そうに演説気取りに話していたのだ。

この「話すだけで聞かない」という状態は、いたるところに蔓延している。以前、エルサレムにある公民権団体の理事会で、ユダヤ人とパレスチナ人のワークショップのファシリテーターを務めたことがある。ミーティングの緊張感が高まるほど、私の緊張も高まっていった。緊張が高まるほど、私のファシリテーションはより命令的な、より強引なものになった。パレスチナ人の参加者の一人がこれを快く思わず、怒ってこう言った。「まるで私を牢屋に入れようとしているみたいだ!」。私たちの話し方は、私たちがまさに変えようとしているダイナミクスの一端を再現する縮図だった。

困難な問題は、人々がオープンに話して初めて解決できる。多くの状況において、これは本当に勇気のいることだ。しかし、これだけでは不十分だ。次のステップ、オープンに聞くことは、さらに難しい。

第三部
聞く

第9章 オープンに聞く

オープンに話すということが、進んで自分の内面を相手にさらけだすことだとしたら、オープンに聞くということは、相手から出てくる新しい何かに対して、進んで自分自身をさらけだすということだ。

私は米国テキサス州ヒューストンで、このシンプルな方向転換の力を目の当たりにした。私は、パワフルで公共心あふれる実業家たちと一緒に仕事をしていた。彼らは、自分たちがこの街を賢く未来に導く自信にあふれる一方、政府や政治家のことは信頼していなかった。

実業家たちは、若い世代のビジネスリーダーはまだ責任ある「街の父」となる熱意が不十分であり、政治家たちがこの空白につけこんで街をめちゃくちゃにするのではないかと懸念していた。そこで、今の状況について話し合い、どうすべきかを決定するために、若手やマイノリティの実業家、大規模な非営利団体のリーダー数名を含むチームを結成した。しかし、このチームに加えるメンバーを、政治家やコミュニティのリーダーにまで広げることには消極的だった。実業家たちは、これ以上グループの多様性を広げると一緒に取り組むことが厄介になるし、またその必要性もないと考えていた。実業家たちは、すでに自分たちの間で、何が街にとってベストかを理解していたし、これからもそうすればいいと考えていた。

実業家たちが積極的に耳を傾けていたのは、お互いと、CEOのロールモデルとなる人物や専門家、そして若いビジネスリーダーの話だった。しかし、それ以外の人の話は聞こうとはしない。私は、ビジネス分野以外の人々の潜在的な貢献を評価しない彼らのことを傲慢だと思った。そして、私もまた、街にどのように貢献すべきかについての彼らの考えを評価しない傲慢さに陥っていた。

あるワークショップが、郊外の大きなホテルで開催されたときのことだ。チームのメンバーたちは、これまでに慣れ親しんできた意見をくり返すばかりで、会話は行き詰まっていた。私は、彼らの考え方があまりに閉鎖的で、視野が狭く、自己批判に欠けることに、苛立ちを覚えはじめていた。そんなとき、共同ファシリテーターの一人である詩人のベティー・スー・フラワーズが、会議場の向かいにあった大宴会場で、タトゥー・アーティストの大規模で騒々しい大会がはじまっていることに注目した。私たちはロビーで提供されるベーグルやコーヒー、フルーツの盛り合わせを、体中タトゥーだらけの男女たちと一緒に食べることとなったのだ。タトゥー・アーティストたちは、自分の作品の巨大な写真を並べた展示ブースをつくっていた。ロビーにはタトゥー道具一式が入った箱が積んであり、ロック音楽が鳴り響いていた。

フラワーズは、ジャウォースキーの著書『シンクロニシティ』のプロジェクトに一緒に取り組んだことがあり、それゆえ意味のある偶然の一致には非常に敏感だった。彼女は、次の休憩時間を使って、各自が向かいの会場にいるタトゥーをしている人に手短にインタビューを行い、気づきを報告しあうことを提案した。私たちは皆、気が進まなかったものの、それに同意した。そして、この遭遇は、魔法のようにオープンさをもたらす演習となったのだ。多くのメンバーたちにとって、このインタビューは気づきに満ちて、心強く感じるものであった。彼らは、ヒューストンで部外者として扱われることがどのようなことかを初めて知ったのだ。そして、想像していた以上に、自分たちに彼らと多くの共通点があることを発見した。この遭遇によって、チームはこれまで目に見えなかったヒューストンのシステムの一端を垣間見ることができたのである（対照的に、私のインタビューは思いがけず恐ろしいものだった。私がインタビューした男性はイエス・キリストのタトゥーをしていたが、それは彼が愛好しながらも、世間ではあまりに嫌悪されているために公然とは見せられない「カギ十字」を隠すためのものだったのだ。他の人に、そして私たちが属するシステムで起こっていることに対してオープンになることは、必ずしも快適で心地よい経験であるとはかぎらない)。

このときの「聞く」演習は、チームの取り組みの一大転機となった。彼らは、自分たちとタトゥー・アーティストたちの間のダイナミクスについて話すうちに、インクルージョンの課題は、街がどのように発展していくかだけでなく、とりわけどのように街を導いていくかという点で重要であることを理解した。プロジェクトが終わる頃には、さらに何度かミーティングを重ね、ビジネス界はもはや大企業の少数の白人男性CEOたちが主導していてはいけないという結論に達していた。そして、彼らの中核的な任務は、もっと多くの女性、マイノリティ、中小企業のリーダーを含めるために、ビジネスリーダーの「輪を広げ」「層を厚くする」ことと、政治家や市の職員、コミュニティのリーダーとの協働にもっと重点を置くことだと結論づけたのである。このようにして、チームはヒューストンの未来を形づくるための一連の野心的なイニシアチブを支援し続けた。

＊

複雑な問題を解決するためには、その完全な複雑さに浸りきり、オープンにならなければならない。ダイナミックな複雑性には、身近な専門家だけでなく、周辺の人々とも話をすることが必要だ。生成的（ジェネレイティブ）な複雑性には、過去にうまくいった選択肢だけでなく、今新たに生まれつつある選択肢についても話をする必要がある。そして、社会的（ソーシャル）な複雑性には、自分とものの見方が同じ人々だけでなく、特に自分とはものの見方が異なる人々、さらには自分が好きではない人々とも話をすることが必要である。私たちは、自分のコンフォート・ゾーンを大きく超えていかなければならないのだ。

学生時代の私を振り返ると、それまでにブラジルに行ったこともなく、ブラジル人と話したことさえないのに、同国のエネルギー事情を理解したり、影響を与えたりすることができると考えていたのは、あきれるほど閉鎖的だった。また、ＰＧ＆Ｅ社での二年間、一度も同社の社屋以外でミーティングをしたことがなかったのもおかしなことだった。多様なステークホルダーの対話と行動の方法論であるフューチャーサーチを開発したマーヴィン・ワイスボードとサンドラ・ジャノフは、このようなストレッチが不可欠であると主張する。「仲間うちだけのイベントは……より大きなシステムにほとんど影響を与えません。だからこそ、私たちがフューチャーサーチの招待者リストを作成するときの指針として、『システム全体』、つまり通常よりも大きなシステムから人々が場に集うことを目指すのです」

＊

デスティノ・コロンビア・プロジェクトが予想したほど影響力をもてなかった理由の一つは、主催者が、エルネスト・サンペール政権の代表者を排除することに決めたからであった。当時のサンペール大統領選の資金源の一部が麻薬密売人だったことがその理由だ。プロジェクトの招集者であるマヌエル・ホセ・カルバハルは、のちにこの「無菌状態」でいようという試みは逆効果だったと語った。なぜならその結果、サンペール政権は、境界横断的な関係構築に関するチームのアイデアと重要な取り組みを断固として無視したからである。私は、ペルーの精神分析学者で政治活動家のマックス・ヘルナンデスとこのことについて話をした。「完全にクリーンな状態を求める願望は、強迫性障害の患者が始終手を洗い続けることに似ています。世の中のあらゆる汚れたものから自分を遠ざけようとするのは、健全とは言えません」と彼は言った。

それからヘルナンデスは、ペルーでの境界を横断する対話に関する自らが経験したストーリーを話してくれた。あるワークショップで、実業家と労働組合員が会議室を出て、長い散歩に出かけた。その後、労働組合員はヘルナンデスにこう語った。「この人の夢は私の夢ではないことがわかりました。しかし、それは私の悪夢でもありませんでした」。ヘルナンデスは私に言った。「覚えておくべきは、深刻で危険な対立は、大抵、あなたの理性的な主張対私の理性的な主張の結果ではない、ということです。あなたの理性的な主張が私の死角を突いてきた結果で、またその逆もしかりです。オープンに話を聞くことは、こうしたダイナミクスを緩和するのに役立つのです」

ノルウェーのトーケル・オプサル教授もまた、オープンに聞くことの大きな重要性を理解していた。一九九二年から一九九三年にかけて、彼は北アイルランドで「市民からの問い合わせ」と呼ばれる画期的な委員会の委員長を務めた。この委員会は、幅広いコミュニティや政治グループから、対立に関する文書や口頭での意見提出を受けた。オプサルはある人から「アイルランド共和国軍（ＩＲＡ）と話をしていること」をとがめられると、「私はＩＲＡと話をしているのではありません。彼らの話を聞いているのです」と答えた。

クエーカー教徒の平和活動家、ジーン・ヌードスン・ホフマンは、この重要性について明確に述べている。

私たち平和を愛する者は常に、虐げられている人々、権利を奪われている人々の声に耳を傾けてきた。それはとても重要なことだ。私が考える進むべき新たなステップの一つは、自分が「敵」だと考えている人々の話も、自分が共感している人々の話と同じように、オープンに、偏見なく、思いやりを持って聞くことである。どんな人の話にも真実の一部

があり、私たちは皆、誰もが持つこの真実の一部を聞き、見極め、認めなければならない

――特に、自分と意見が異なる人の真実の一部を。

オープンに聞くことは、あらゆる創造性の基礎となる。政治と同様、ビジネスやエンジニアリングにおいてもそうだ。ゼロックスの副社長兼チーフ・エンジニアであるジョン・エルターは、同社の「埋め立て廃棄ゼロ」という徹底的に環境に配慮したビジョンと、「ドキュメント・センター」という製品ライン（四〇〇億ドルの売り上げを誇る）を生み出したイノベーション・プログラムを率いた。私は以前、オープンに聞くことが、新製品開発の土台となる創造力に関してどのような役割を果たすか、と彼に尋ねたことがある。彼はこう答えた。「オープンに聞くことがすべてです。製品開発の難題は、製品に関するものではありません。力、信頼、アライメントといった人間関係に関することこそが難題です。私のチームは、評価することなく、相手が何を言おうとしているのか、本当にその立場に立って聞く方法を習得するために懸命に努力しました。何が正しくて何が間違っているかに耳を傾ける通常の閉鎖的な聞き方をしていたら、可能性があること、つまり、ありうるが、まだ起きていないことについて聞くことはできません。それでは、新しいものを生み出すことなどできないのです」

第10章 内省的に聞く

南アフリカのアパルトヘイト制度は、人種によってどこに住み、学び、働き、遊ぶかなど場所の分離を基本にしていた。この制度に異議を唱える者は、公の場での発言を禁じられたり、投獄されたり、国外追放されたり、暗殺されたりした。集まったモン・フルー・チームのメンバーはあらゆる人種であらゆる政治的な経歴を持ち、中には最近刑務所から釈放されたばかりの人や亡命先から戻ってきたばかりの人もいた。それゆえに、一九九一年の最初のワークショップに参加したときに、彼らが根本的に異なる思いを強く抱いていたことは驚くことではない。

こうした背景を考えると、モン・フルーのプロセスのもっとも卓越した特徴は、会話のリラックスしたオープンさだった。チームのメンバーは、ただオープンに話すだけでなく、会議の間に、発言の内容が変わっていった。彼らは、バスク人、パラグアイ人、カナダ人よりももっと能力をストレッチしていたのだ。私はこの対比を見ることによって、モン・フルーの締めくくりに抱いていた「どうすれば手ごわい問題を平和的に解決できるだろうか?」という二つ目の問いに答える端緒を見いだした。

モン・フルー・チームのメンバーは、オープンに話を聞くだけでなく、内省的に聞いていた。話を聞くときには、単に古いテープをリロードするのではなく、新しいアイデアを受け容れようとしていたのだ。しかも、進んで影響を受け、変わろうとしていた。彼らは軽やかに自分の考えを持ち、自分自身の考え方に気づいて疑問を持ち、自分自身を自分の考えから切り離していた(「私自身は私の考えではないので、あなたも私も、私自身を拒絶することなく、私の考えを却下できる」)。彼らは、まるで自分の考えを天井から糸で吊るすように「吊り下げ」、歩き回ってその考えをさまざまな視点から見つめていたのである。

チームが内省的に話を聞くのに何が役に立ったのだろうか? 彼らの個人的な資質、交渉や民主的な組織運営の経験、目の当たりにした歴史の転換点、そしてシナリオ・プランニングの方法論だ。ネルソン・マンデラは、その数年間、何度となく、傑出した内省の手本を示していた。彼はかつてこう言っていた。「人生の最良の日々を失ったことは悲劇だったが、多くの学びがあった。考える時間、すなわち自分自身から離れ、遠くから自分自身を見つめ、自分自身の中の矛盾を理解するための時間ができたのだ」

南アフリカは生成的（ジェネレイティブ）な複雑性が高い時期にあった。デクラーク政権が突然壁を取り壊し、南アフリカの人々は自分たちの問題に新しい方法で取り組む一生に一度の機会を得たと確信した。彼らは古いルールが通用しないこと、そして新しいルールを生みだすためにはオープンになる必要があることに気づいた。二〇〇〇年、マサチューセッツ工科大学とＳｏＬ（組織学習協会）の研究者チームが、モン・フルー・チームのメンバーたちにインタビューを行った。その一つに、トレヴァー・マニュエルに対するインタビューがあった。彼は「当時は非常に流動的でした。それが本当の強みでした。パラダイムも、前例も、何もありませんでした。私たちはそれを切り開く必要があったのです。だから、おそらくより積極的に耳を傾けていたのでしょう」と語った。

シナリオ・プランニング演習も、オープンさと内省を促した。シナリオは、未来の予測でも売りこもうとする未来の提案でもなく、もしこうなったら何が起こるだろうかをあれこれと検討するためのストーリーである。シナリオ・プランニングは、何が起こるだろうか、あるいは何が起こるべきかに関するただ一つのストーリーではなく、何が起こりうるかについての複数の展望を重視するものだった。シナリオがダイナミックな複雑性に対処できたのは、原因と結果にかかわる状況全体に取り組んだからだった。生成的（ジェネレイティブ）な複雑性に対処できたのは、未来が過去とは異なるかもしれないという姿勢で取り組んだためだった。そして社会的（ソーシャル）な複雑性に対処できたのは、一つの「公認された未来」のみをつくるのではなく、多くの視点のための余白をつくったからである。そして何よりもシナリオは、チームのメンバーとその同胞が行う選択と、未来が展開していく道筋とのつながりを明確にしたのである。

左翼の黒人の全国鉱山労働者組合のハワード・ガブリエルズは、インタビューに答え、チームの最初のブレーンストーミング演習で起こった、突然の混乱したオープニングの訪れを思い起こした。

> 最初にぎょっとしたことは、なんの前触れもなく未来をのぞきこむことでした。それはとても恐ろしいことでした……プロジェクトの初回のワークショップでは、三〇のストーリーを考案しました。当時、国の未来について一種の陶酔感があったにもかかわらず、語り合ったストーリーの大半は、「明朝、新聞を広げると、ネルソン・マンデラ暗殺」とその後の出来事についての記事を読む、という類いのものだったのです。そんなふうに未来を考えることはとてつもなく恐ろしいことでした。突然、ぬるま湯につかった状態から放り出されます。未来をのぞきこんだ者は、資本主義、自由主義あるいは社会民主主義と、

さまざまな議論を論じはじめます。資本主義者がいきなり共産主義の議論を論じはじめることもありました。そして、そんな既定のパラダイムはすべて消え去っていきます。私がかなり保守的だと思っていた人たちが、非常に急進的な未来を語っている……頼ることのできるバイブルのような（共有された政治的な）マニフェストという共通の基盤がないことは、実にとてつもなく恐ろしいことでした。

チームのメンバーは、内省的に話を聞くとき、「外の」問題についての新しい考えだけでなく、自分自身についての新しい考えにもオープンになっていた。ヨハン・リーベンバーグは、鉱山会議所の白人の幹部だった。鉱業は南アフリカのもっとも重要な産業であり、白人のみの資本主義の中核を成すもので、その運営はアパルトヘイト制度に深く根をおろしていた。つまり、左派が多数を占めるこのチームにおいて、リーベンバーグは体制側の最たるものを代表していたのだ。ＳｏＬの研究者によるインタビューからは、リーベンバーグと彼のチームメイトの聞く姿勢が並外れていて爽快であることが読み取れる。

このチームはものすごくいいチームで、非常に多様なチームでした。白人、黒人、アジア人、有色人種、金持ち、貧乏人、コミュニティ・ワーカー、労働組合員、実に面白い組み合わせでした。私たちはよく一緒に協働し、一緒に楽しみました……一日の仕事を終えたあと、私はティト・ムボウエニと長い散歩に出かけました。山道を歩き、ただ話をしました。一年前なら、ティトは私が口をきくことはまずあるまいという類いの人間でした。彼は、とても歯切れのよい、とても聡明な男でした。私たち白人はそういう黒人に会うことはめったにありませんでした。私は彼らがみなどこに埋もれていたのかわかりません。でも、そこに存在しました。他に私が会ったことのある同じ器量の黒人といえば、敵対する役目で私の反対側に座っている労働組合員だけでした。このこと、特に彼らの心の広さが、私には新鮮でした。「いいか、いつか俺たちが支配する時代になれば、こうなるんだ」とばかり言うような連中ではありませんでした。「なあ、どうなるんだろう。話し合おうじゃないか」と言える人たちだったのです。しかし、彼らが描く未来と私たちが描く未来は同じではありません。そこには、かなり長期間にわたって、他の人たちがどう考えているかを実際に学ぶ機会があったのです。

モン・フルーのワークショップの一場面で、「一人の入植者（白人）に、一発の弾丸」という非公式のスローガンを掲げる黒人の急進派パン・アフリカニスト会議のモズビアン・マラツィが話しているときに、リーベンバーグがフリップチャートに記録していたことがあった。マラツィが話すことをリーベンバーグは冷静にまとめていた。「これで間違いないかな。『（南アフリカの首都）プレトリアの非合法な人種差別政権が……』」。リーベンバーグは自分の宿敵の挑発的な見方をきちんと聞き、実際に的確に表現することができた。

リーベンバーグはガブリエルズと友人となった。ガブリエルズは、過酷で乱暴な鉱業の交渉やストライキで敵対してきた人物である。ガブリエルズは、二人がそれぞれ、どのようにして互いの視点から状況を見るようになったかについて語った。

一九八七年、組合は三四万人の労働者をストライキに動員し、そのうち一五人が殺され、三〇〇人以上がひどく傷を負いました。ここで私が言う「傷を負った」とは、かすり傷程度のことではありません。彼は敵で、私はそこにいて、その傷がまだ生々しいうちに同じ部屋でこの男と一緒に座っていました。モン・フルーのおかげで彼は私の視点から世界を見ることができたし、私は彼の視点から世界を見ることができたと思います。

リーベンバーグのコメントの一つに、チームがいかに他者の視点から自分たちの状況を見ることができるようになったかだけでなく、そうした状況をつくりだした自分たちの役割も理解できるようになったことを示す好例がある。

ほら、私たちは皆、この国で仲間に対して行われていることは間違っている、と潜在的に気づいていたと思います。人々は尊厳を持って扱われていませんでしたが……それは他の誰かの行いだと考えていました。私自身は人々に尊厳を持って接していました。でも私は、自分の仲間が彼らの仲間に対して尊厳を持って接するように働きかけることは一切していませんでした。これは第二次世界大戦中のドイツの国民のようなものでしょう。ドイツ国民たちは何も見ず、何も聞きませんでした。何一つ。やっていたのはゲシュタポであって、私ではない、という具合に。

*

新しい現実をつくりだすためには、私たちは内省的に話を聞かなければならない。他の人の声の合唱がはっきり聞こえるだけでは不十分で、そこに自分自身の声が貢献していることも聞かねばならない。起こっていることの全体像の中で他者を見るだけでは不十分であり、自分自身が何をしているかも見なければならない。問題の状況の観察者であるだけでは不十分であり、自分自身が結果に影響を与える行為者であることを認識しなければならないのだ。

ボストン・カレッジのビル・トルバートは、一九六〇年代に流行した「もしあなたが解決策の一部でなければ、あなたは問題の一部だ」というスローガンは、実は変化をもたらすためのもっとも重要なポイントを見逃していると、かつて私に言ったことがある。このスローガンは「もしあなたが問題の一部でなければ、あなたは解決策の一部にはなれない」であるべきだと言った。もし、自分がしていること、あるいはしていないことが、どのように物事の現状に貢献しているのかがわからなければ、論理上は、外側からの説得や力の行使によるものをのぞいて、物事の現状を変えるための基盤がまったくない、すなわちレバレッジがないということだ。

内省は、三つの観点で難しい。哲学的には、私たちは自分から離れたところに存在する「外の」世界があり、それは客観的に見たり操作したりすることができるものだと信じることに慣れている。しかし、現代の認知科学では、「認知とは、あらかじめ与えられた独立する世界を表現することではなく、むしろ世界を生みだすことである。ある生物が生きる過程で生みだすものは、唯一の世界ではなく、ある一つの世界、常にその生物に依存する世界である……」と教えている。心理的には、私たちはまず、問題の状況を生みだしている他者が何をしているかに注目することによって、自分自身を守っている。私がバスティア大学のTグループのトレーニングで受けた衝撃は、しばしば意図していない私自身の貢献に目を向けることから、グループの中で展開していく現実を生みだすことに及んだ。そして、政治的には、トルバートの示した原理は、関わっていないがゆえの無知という快適な立場からでは、問題状況への対処に役立つことは決してできないことを意味している。もし役に立ちたいのであれば、状況を生みだすうえで、意図的であれ、不作為であれ、まず自らの問題状況における役割を理解し、認識しなければならない。

アヴナー・ハラマティは、心理学者であり、ベソド・サエクというイスラエルのボランティア団体のリーダーの一人である。ベソド・サエクは、ヘブライ語で「対話の謎」を意味し、天使たちの間の静かなコミュニケーションを表すユダヤ教の祈りに由来している。彼は、対立しているグループと一緒に取り組んだ経験や、内省の中心的な役割について話してくれた。「どんな対話でも、一つのカギとなるダイナミクスは、各陣営のモノローグ、つまり各陣営が自分たちの間でしている会話です。かつて、イスラエルの左派、入植者、超正統派のリーダーたちの対話を主催したことがありました。会議終了後、私は超正統派グループの車に乗せてもらい帰宅しました。そのときの会話は、会議で行われた会話よりもはるかにいきいきとして、内面を吐露するものだったのです。対話が彼らに与えた大きな影響は、自分たち自身や自分たちの政策に対して今までとは異なる、疑問を投げかけるような視点を得たことでした」

私がシェルを辞めて二年後の一九九五年、シェルは社外のステークホルダーとの関係で二つの深刻な危機に直面した。ナイジェリア政府による反シェル活動家ケン・サロウィワの死刑執行の問題と、北海の石油プラットフォーム「ブレント・スパー」の海洋投棄計画の問題である。いずれのケースでもシェルは、政府、非政府組織、そして世間が同社に期待することを致命的なまでに見誤ったため、社会的な「事業ライセンス」を失う寸前まで追いこまれた。最終的にシェルは、これらのステークホルダーと関わり、人権や環境に関する評価をすべてのプロジェクトの意思決定に取り入れるなど、ビジネス慣行を変えることによって対応した。私にとっての重要な気づきは、私たちが数年前に書いたシナリオでは、シェルの経営陣がビジネス慣行にこのような変化をもたらす動機を与えるには不十分だったということだ。世間の批判やボイコットも、それ自体は彼らの強い動機にはならなかった。大きな組織の幹部は、攻撃されることに慣れているものだ。彼らにとってもっとも強い動機となったのは、他者が彼らに対して持つ認識が、どれほど大きく彼らの自己認識と異なっていたかがわかったときの内省的なショックであった。上級管理職のゲイリー・スティールは「(ナイジェリアとブレント・スパーの問題の)のちに世間がシェルに反感を持つようになって、シェルは居心地が悪く、希望を失くし、権利を剥奪された、ネガティブな職場になってしまいました。ディナー・パーティーで、シェルで働いていると言うのをためらう人もいたほどです」と話していた。

モン・フルー・チームは、南アフリカの新しい現実をつくりだすことに貢献した。なぜなら、彼らは、展開していく国のドラマの当事者として、内省的かつ自己批判的に自分たちを見ることができたからである。彼らは、自分たち自身が変わって初めて南アフリカが変わることを理解していた。国や地域社会、組織、家族など、私たちが一部となっているシステムを変えたいのであれば、私たち自身のことを見つめ、変わらなければならない。

第11章 共感的に聞く

私はシェルやモン・フルーでシナリオの仕事をしていたとき、複雑な問題を解決する鍵は、人々が考えを変えられるほどにオープンかつ内省的に話を聞くことだと信じていた。その後、自分が何かを見落としていたことに気づいた。

私は南アフリカでノース大学のワークショップを開催していた。同大学は、アパルトヘイト時代に設立された地方の教育機関であり、かつて急進的な黒人の学生と、保守的な白人の教職員や経営陣が対立した過去があった。ワークショップには一〇〇人の学生、教職員、管理職が参加した。私の仲間のファシリテーターは、著名な黒人のコミュニティ・オーガナイザーであり、政治指導者でもあるイシュマエル・ムカベラだった。

ワークショップがはじまって数時間後、学生と職員の間で怒鳴り合いがはじまった。一年前に、ある学生が殺されたため、ワークショップの学生リーダーたちが、その「殉教者」をしのんで黙祷の時間を求めたが、教職員は「トラブルメーカー」を称えたくなかったのだ。部屋の熱気は高まり、私は皆に理性的になり冷静さを取り戻してもらおうと試みたが、うまくいかなかった。自分が行き詰まっているのはわかっていたが、どうしたらいいのかはわからず、パニックになりはじめた。すると、ムカベラが落ちついて前に出てきて、私を救ってくれた。「黙祷しませんか。この学生のため、そしてこの対立で傷ついてきた他の学生や職員みんなのためにも……そして、私たちのあとに続く人たちのため、私たちのワークショップを捧げたい人たちのためにも。さあ、目を閉じましょう……」。部屋は静まり返り、争いは収まった。

その夜、参加者全員がホテルのロビーから芝生にあふれでるほど集まって、にぎやかなバーベキューが行われた。私はドリンクを片手にグループを回り、リーダーたちと話し、何が起こっているのか、翌日のワークショップで何をする必要があるのかを把握しようとしていた。ムカベラがその間ずっと、すみの小さなテーブルに座って一人の学生と話をしていることに気づき、苛立ちを覚えた。夕食会が終わり、部屋に戻る途中、私は彼に、いったい何をしていたのか、なぜ私たちがファシリテーションの依頼を受けたワークショップに専念していなかったのか、と尋ねた。彼の答えは、私が見落としていたことを教えてくれた。「アダム、当然のことだが、君は実業界の出身だから、草の根の組織化についてはよく知らないだろう。この学生には、多くの若き活動家と同じように、自分の政党の『私たち』の立場から発言し、党路線をまくしたてるというひどい性癖がある。私はただ彼と四時間一緒に過ごして、彼の真の『私』とつながろうとし、彼自身が彼の真の『私』とつながるのを助けていたのだ。黒人意識運動は私たちに、自分の精神的態度が自分自身の抑圧にどのように寄与しているのか考察することを教えてくれた。私は、この学生の意識を高める手助けをする必要があった。この会話は本当の『１ｏｎ１』だった。彼にとって何が重要か、私にとって何が重要かについて、彼と腹を割って話し合ったんだ。さて、明日は私たち二人になる。南アフリカでは、ずっとこうやって組織化に取り組んできたし、物事を変えることに成功してきた。一度に一人ずつ、というやり方で」

ワークショップを主導し、変化をもたらすことを目指したムカベラのコミュニティ・オーガナイジングのアプローチは、外側やトップからではなく、内側やボトムから機能するものだった。ムカベラは夕食会の時間を、私のように多くの人と表面的な話をするのではなく、一人の人と深く話をすることに費やした。彼は、考えだけでなく、感情や価値観や意志にも注目していた。学生に何をすべきかを指示するのではなく、彼がどのように考え、彼にとって何が重要であるか、本心を聞いたのである。

南アフリカに住みはじめてから最初の数カ月間、私はある社会的な失態を犯し続けていた。道を歩きながら道を尋ねようと通行する人を呼び止めては、礼儀正しく用件を伝えるためにこう言ったのだ。「すみません。どこそこの場所への行き方を教えていただけませんか？」。そうするたびに、私が呼び止めた人は決まってショックを受けた様子で私を見た。ある日、ついに年配の黒人男性が私にぶちまけた。彼は私の目をまっすぐ見て、「こんにちは！　ご機嫌いかがですか⁉」と言ったのだ。

ドロシーにこの話をすると、ほとんどの南アフリカ人にとって、人に近づいていきなり用件に入るのは失礼なことだと説明してくれた。まず、挨拶をして、相手やその家族の健康状態について尋ねなければならない。ズールー語では、「サウ・ボーナ」というのが通常用いられる挨拶で、つまり「私はあなたを見ています」という意味だ。私たちは、相手を同じ人間として見ないかぎり、他者と適切に交流することはできないのだ。

その後、このダイナミクスについて、さらに学ぶ機会を得た。私は、南アフリカの優秀なコンサルタントであるルイス・ファン・デル・メルヴェと一緒に仕事をするようになった。彼は、ファシリテーターの仕事は、参加者が率直に話し、よく聞き、目の前の課題に対して彼ら個人のリソースをすべて注ぎこむ手助けをすることだ、と教えてくれた。私たちの仕事は、参加者に指示したり、彼らをコントロールしたりすることではないのだ。また、彼は、私たちは参加者の課題の内容に関しては中立的であり続けたとしても、プロセスに関して中立的ではないこと、つまり、オープンさ、インクルージョン、協働という価値を体現するものであるということも教えてくれた。しかし、ファン・デル・メルヴェと私はよく口論になり、私は彼にますます軽視され、話を聞いてもらえないと感じるようになって深い苦痛を覚えた。そこで私は、ベティー・スー・フラワーズにアドバイスを求めた。「そういう経験をすることは、あなたにとってはよいことです。あなたがファシリテートしている対立のほとんどは、一部またはすべての関係者が話を聞いてもらえない、わかってもらえないと感じていることに根本的な原因があります。あなたは関係者がどんな思いをしているか知ることができたでしょう」と彼女は言った。

＊

ジョセフ・ジャウォースキーは、並外れてオープンな聞き手である。彼のプロとしての能力の中核は、全身全霊でその場にいて話を聞く能力であり、そうすることで自分と相手の間の境界が消えるのだ。このような注意の払い方の質は、話を聞いてもらう人に強力なインパクトを与える。その人は、話を聞いてもらい、支えてもらっていると感じ、自分自身の考えや感情を明確にして、より集中でき、目的意識を持つようになるのである。ジャウォースキーと一緒に初めてインタビュー対話を行ったとき、私はひどく退屈だった。インタビュー対象者のオフィスから出てすぐ、私はジャウォースキーに向かって、どうしてその男性の人生や苦悩にそれほど深い関心を寄せているふりができるのか、と尋ねた。「違うんだ、アダム、私は純粋に彼に興味があったんだよ！　それが肝心なんだ！」

私たちは、すべてのステークホルダーと私たち自身の人間性を、見て、聞いて、心を開き、それを受け容れることができないかぎり、人間の複雑な問題に対する創造的な解決策を考案することはできない。創造性には、自分自身のすべて、すなわち自分の考え、感情、個性、歴史、欲望、そして精神が必要だ。不活性な事実や考えを理性的に聞くだけでは不十分であり、人々が自分自身の可能性や自分の置かれた状況の可能性に気づくことを促すように人々の話を聞かなければならない。このような聞き方は、他者に寄り添ってその感情を共有する同情ではない。それは共感であり、その人の立場になりきって内側からその感情を共有することだ。これは、既存のアイデアの代替案を検討するだけでなく、新しいアイデアを生みだすことを可能にする類いの聞き方である。

これは、私が物理学や経済学の授業で教わった聞き方ではない。心を開いて、実在するが外側から客観的に見ることのできない内側の現象から、主観的に感じることが必要だった。あるとき、ＳｏＬ（組織学習協会）の主催でピーター・センゲが主導する四日間の対話型ワークショップに、講師として参加した。その週私は、ずっとひどいアレルギーで絶えず咳をしていた。そのため、すべてのセッションに出席し、数回のプレゼンテーションを行ったものの、全身全霊でその場にいることができなかった。その週の終わりには、ワークショップから得たことについて、参加者全員で振り返っていた。私は、この経験がほぼ全員にとって、いかに感動的で、転機をもたらすものであったかを聞いて驚いた。私は何が起こっているかにまったく気づいていなかったからだ。この非常にリアルな内的で、相互的で、超個人的な現象が、私にはまったく見えていなかったのだ。なぜなら、私は自分の病気のことで頭がいっぱいで、ずっとそうした経験の外側にいたためである。

デスティノ・コロンビアのワークショップでスペイン語と英語の通訳を担当したマリア・ビクトリア・ジラルドは、抜群の共感力を持つ聞き手だ。彼女がこのチームのスペイン語を話すさまざまなメンバーを通訳したとき、一人ひとりの言葉をはっきりと違った口調で伝えていた。休憩時間に彼女と話すと、グループ内の根底にあるダイナミクスについて常に意義深い洞察をもっていた。一体どのようにそうした仕事ができるのか尋ねると、彼女は、通訳している人の内側から話す自分を想像していると答えた（そのとき、私は彼女に、チームのメンバーの中で怒って暴力的になっている人たちの内側から話した経験はどうだったかについても尋ねてみた。彼女は「そのあと、眠れなくなります」と答えた）。

オットー・シャーマーは、このような聞き手の位置の違いについて、私に多くのことを語ってくれた。彼は、四つの異なる聞き方の分類法を開発していた。一つ目は、「ダウンローディング」、つまり**自分自身のストーリーの中から聞く**というものだ。自分の言っていることや聞いていることが一つのストーリーにすぎないということを意識せずに聞いている。ダウンロードしているときは、他のストーリーに耳を傾けていない。つまり、自分自身のストーリーを確認するものだけを聞いているのだ。このような類いの実質聞いていない聞き方は、原理主義者、独裁者、専門家、傲慢な人、怒っている人によく見られる。

二つ目の聞き方は、「ディベート」である。討論するときは、ディベートのジャッジや裁判の判事のように、**客観的に、外側から互いの話やアイデア（自分自身のアイデアも含む）を聞く**。

ダウンローディングやディベートをしているとき、私たちは既存のアイデアや現実を提示し、再現しているにすぎない。何も新しいものを生み出していないし、創造性も発揮していない。

そのため、これら最初の二種類の聞き方は、新しい社会的な現実を創造するには不十分なのだ。

シャーマーは、三つ目の聞き方を「内省的な対話（リフレクティブ・ダイアログ）」と呼んでいる。内省的に自分自身に耳を傾け、共感的に他人の話を聞いているとき、つまり**内側から主観的に聞いているときに、内省的な対話を行っているのだ。**

そしてシャーマーは、四つ目の聞き方として、「生成的な対話（ジェネレイティブ・ダイアログ）」と呼んでいるものにも言及した。彼は、生成的な対話では、**自分自身の中や他者の中からだけでなく、システム全体から聞く**のだと言った。しかし、システム全体から聞くということがどういうことなのか理解できるようになるまでに、私はさらにもっと自分の能力を伸ばす必要があった。

第四部
新しい現実を創造する

第12章 殻を破る

混乱状態のアルゼンチンで、生成的(ジェネレイティブ)な対話に立ちあう機会があった。二〇〇一年一二月、三年にわたって不況が深刻化し、失業率が上昇したのち、アルゼンチンの人々はデモ行進し、暴動を起こし、略奪を行い、民主的に選ばれた政府を転覆させた。二週間で五人の大統領が誕生した。その後数カ月間、私がアルゼンチンを訪れるようになった頃、事態は悪化の一途をたどっていた。通貨は大暴落し、国は債務不履行に陥り、銀行は閉鎖され、専門家は他国へ移住していった。ラテン・アメリカでもっとも生活水準が高かった国で、突然、人口の半数が貧困に陥り、人口の四分の一が困窮し、子どもたちは飢えで命を落とすようになったのだ。

ほとんどの人が、アルゼンチンの人々が自分たちの問題を解決できるとは思っていなかった。

毎月のように、政治指導者たちは緊急改革計画の合意に失敗した。政治家たちは通りを歩くのをためらうほど、国民からひどく軽蔑されていた。人気のスローガンは、「全員出ていけ！」だった。国際的な評論家たちは、この国を見限った。アルゼンチン人はあまりにも閉鎖的で、党派心が強く、対立的で、自己中心的であるため、一緒に座って何をすべきかに合意することはできない、というのが、アルゼンチン人と外国人の両方の間でも一般的な通念だった。私は多くの皮肉を耳にした。「世界最高のビジネスは、アルゼンチンのものを実際の価値で買い、彼らが考える価値で売り抜くことだ」「アルゼンチンでは、合意とは、相手が自分に同意することだ」。私は何度もくり返し「アルゼンチン人は対話ができない」と聞かされた。唯一の解決策は、外や上から押しつけられるものだけだと人々が言うのも耳にした。例えば、ペロンのように強くて活動的な新大統領、国際通貨基金が課す経済制度、軍事政権などである。

二〇〇二年一月、こうした運命論と救世主信仰が高まっていた頃、一部のアルゼンチン人が、新しい、よりオープンなアプローチを試すことを決断した。政府、カトリック教会、国連開発計画から支援を受けた小さな市民グループが、「アルゼンチン・ダイアログ」と名づけたプロセスを開始したのだ。危機について話し合い、提案をし、行動を起こすために、一連の円卓会議に、社会のあらゆる分野から何百人ものリーダーを呼び集めた。

その円卓会議の一つで、司法の問題に焦点が当てられた。アルゼンチンの司法システムはあまりにも非効率で、アクセスしがたく、政治色が強くて、腐敗していたため、多くの場合、紛争は解決されず、契約の履行や法律の施行もなされず、人権侵害について争うこともできなかった。司法システムはアルゼンチンの抱える問題の典型であり、より大きなシステムの中で蓄積された問題の中核であった。司法に関する解決策は、同国の長期的な解決策にとって、きわめて重要だったのだ。

活動家たちは、このシステムを改善するために数十年間闘ってきたが、司法システムのリーダーたちの最小必要人数の合意は終始得られなかった。そこで活動家のうち六人が、アルゼンチン・ダイアログこそがチャンスだと考えた。そのうちの一人、サンティアゴ・ガリッキオは私にこう言った。「わが国の危機はあまりにも深刻なので、人々は今までとはべつの方法で自ら物事を進めようとしています。私たちは今、オープンになっているのです」

この活動家たちから、一緒に取り組んでほしいと頼まれたとき、私はこの仕事をするうえでどのような姿勢をとるべきか、慎重に考えた。私は、ゆるぎない楽観主義という立場を保つことにした。つまり、「奇跡の選択」を通して問題を解決するアルゼンチン人の能力を信じることにしたのだ。私は、アルゼンチンの最有力紙『ラ・ナシオン』のインタビューに答えた。「アルゼンチンの選択肢は、暴力か対話です。誰かが上から解決策を与えてくれるのを待つか、あるいは一緒に席について自分たち自身で解決策に取り組むかです」

二〇〇二年九月、私たちは地方のホテルで、司法システムのリーダー五〇人と共に三日間のワークショップを開催した。その五〇人は、判事、弁護士、市民権擁護者、政府職員、裁判所職員、実業家、法律学教授、法律ジャーナリスト、政治家などだった。彼らの多くは、以前、法廷や教室など公式の場で会ったことがあり、互いを知っていたが、このワークショップは異なるアプローチで開催された。論文の発表も、決議案の可決も行われなかった。その代わりに、司法システムについて、過去から受け継いできたこと、将来について確かなことと不確かなこと、自分たちが求める将来のビジョン、そしてそのビジョンに向けてシステムを変えるためのレバレッジ・ポイントは何かについて、小グループと全体とで話し合った。

二日目の夕食後、チームのメンバーたちは、座り心地のよい椅子に輪になって座った。会議室にはキャンドルが灯され、ワインとウイスキーが用意されていた。共同ファシリテーターの一人、パラグアイ人のホルへ・タラベラが、それぞれなぜこの取り組みに参加することにしたのかを浮き彫りにするような個人的なストーリーを語るように呼びかけた。私たちは二〇のストーリーを聞いたが、どれも本心からのものだった。最初のストーリーのうちの四つは、語り手やその家族の誰かが窒息や癌、昏睡などで命を落としそうになったのち、奇跡的に意識を取り戻した、という内容だった。また、多くのストーリーで、語り手やその家族がこうむったひどい不公平や、彼らがどのようによりよい司法システムのために闘うことを誓ったかについて語られた。隣同士に座った二人の男性は、それぞれの父親が対立する政治的な理由で投獄された。最後に、一日中グループの端でいったりきたりしてそわそわしていた一人の男性が、咳払いをして、長い愛の詩を読みはじめた。それは、感動的な夜の驚くほど素晴らしい締めくくりとなった。

ワークショップの最終日の朝、グループの会話やアイデアは、あっという間にまとまった。チームのメンバーは、自分が率先してやりたい取り組みを発表し、こうしたリーダーを中心にグループが形成され、計画が立てられた。ワークショップの数カ月後、彼らはこれらの計画を実行に移し、再び集まって新しい計画を立て、それらもまた実行に移した。彼らは、新しい現実を創造する過程にあったのだ。

＊

この三日間に、複雑で行き詰まった問題の一部であった、五〇人のリーダーたちからなる多様で分裂していたグループは、その問題の行き詰まりの解放に向けて劇的な進歩を遂げた。彼らは皆、到着したときは、自分自身の視点やプロジェクトを持ち、他の人たちとはつながりを断ち、多くの場合、対立した状態だった。彼らの多くは絶望し、下降線をたどっていく未来をあきらめて受け容れていた。しかしこの円卓会議の終わりには、新しい、方向性を変えたプロジェクトとチームとともに、変化のために幅広く連携した連合体を構築していた。それは、自分たちの状況とそれに対してすべきことについて共有した感覚にもとづくものだった。そして、ほとんどの人が、再び未来を構築することに希望を持ち、関わろうという思いを抱いて帰宅の途についた。彼らは抗議の声をあげ、それによって司法システムの未来を変えることで、この国の未来を変えることに貢献していたのだ。

私は、このグループが成し遂げたこと、そしてそれを成し遂げた彼らの知性とオープンな心に感銘を受けた。ワークショップの間、私はあまり多くを語らなかった。タラベラとアルゼンチンのファシリテーター・チームがセッションのほとんどを主導してくれたのだ。私は座って耳を傾け、その展開の美しさを味わうことを楽しんだ。おそらくモン・フルーの会議もこのような美しい、生成的な展開を特徴としていたのだろうが、当時の私はそれを十分理解できるほど経験もなく、オープンさも持ち合わせていなかった。アルゼンチンでは、グループが取り組みを進められるよう支援することに専念していたが、いつものように浮き沈みがある会議でも、その場にあり続け、リラックスしていることができた。

ワークショップに参加しなかった国のリーダーたちは、司法システムの改革に対するこの特別なアプローチが、これまでとは異なる重要なことを成し遂げ、それが他の対話型改革の取り組みにとっての後押しと教訓になったことに気づいた。ワークショップの翌日、『ラ・ナシオン』紙は社説のトップでこう称賛した。

二〇〇二年一月一四日、社会経済、政治、思想といった背景の異なる市民がアルゼンチン・ダイアログのテーブルについたとき、アルゼンチン人は生まれつき救いようがないほど能力不足だと信じる人たちが抱く不健全に懐疑的な態度で、この試みを見ている人が多かった……それにもかかわらず、市民の対話への意欲は弱まることなく信頼を保ち……合意形成が可能であることを示した。いくつかのセクター別の会議ではほとんど感じられなかったが、司法システムの改革に関する会議では、希望があふれでていた。わが国でかつて一度も試されたことのない実験ははじまったばかりであり、対話に意欲的な他の人たちにその方法の範を示すだろう。

この成功は、チームメンバーが話し方と聞き方を変えたことによって達成されたものだった。彼らは、弁護士や判事のグループにふさわしく、自分の主張をし、他の人の主張を判断する準備をして会議に臨んだ。最初のうちは緊張して警戒し、話を聞くことよりも、尊大に話し、すでに考え抜かれた公式のスピーチをする順番を待っていた。やがてリラックスし、この取り組みとそれにかかわるプロセスに夢中になるにつれて、よりオープンに聞き、より自然発生的に、より率直に話すようになった。

会議の締めくくりのセッションで、チームメンバーの一人が、起こったことを振り返った。

「ここアルゼンチンで、私たちがよく感じる身体的な感覚は、ダイバーのように水中に沈んでいる感覚だ。私たち一人ひとりが自分自身の考えを持つが、その考えはジェスチャーだけで伝えなければならず、他の人にはそれがどんな考えなのかよくわからない。今回の会議では、それぞれの考えが浮きのように水面に現れ、ダイバーたちはそこに向かって泳いでいった。水面に到達すると、私たちはダイビング・スーツを脱いで、自分たちの考えを声に出し、合意形成に向かいはじめたのだ」

最終日の朝、チームは互いの文章を完成させながら、迅速かつ流動的に行動計画を作成した。最終コメントのセッションの間は、チームが一つになって語った。締めくくりのセッションで、ある判事は、「我々は、『タンゴ効果』を克服したのだ。あの劇的で、懐古的で、宿命論的なアルゼンチンの『我々は成功できない』ということわざを」と語った。

当然のことながら、三日間の対話で司法システムの改革を達成したわけではなかった。達成したのは、アパルトヘイト症候群に陥った古く退化したシステムを、新しくよりオープンに再生する道に移行させたことである。二日目の夜の死と蘇生のストーリーで前兆が見られたように。チームメンバーの一人は、私たちは「森林再生」のプロセスに携わっていると表現した。私たちは新しい生態系の苗木を植えており、それは今や保護と育成を必要としていた。ときを経て、これらの苗木が古い生態系に取って代わるだろう。

ワークショップの参加者は、それまでの常識に反して、アルゼンチン人は対話と協働ができることを実証した。彼らの話し方と聞き方の変化の裏には、司法システムに関する自分たち自身の立ち位置の変化があった。最初は、システムの観察者であり、システムの外に立って、そのひどい状態に対して不平を言い、他の人たち、すなわち政府や最高裁判所や互いを非難していた。会議の終わりには、彼らは献身的で創造的な行為者となった。締めくくりのセッションで、彼らの一人がこう言った。

私は、若者や有能な人々がこの国を出て行かないように、なんらかの形で自分が何かをしていることが嬉しい。家に帰れば、子供たちに「ほら、できるのさ。国を再建するために、それぞれが自分の場所で、ただ腰を据えて取り組めばいいんだ」と言うことができる。「私はこの国に居続けるつもりだ。それが、私と私のコミュニティの未来のためにできる最善のことになるだろうと確信しているから」と今一度言えることを誇りに思う。

観察者から行為者へ、反応者から創造者へのこの重要な転換は、アルゼンチンの救世主信仰という背景にあらがううえで特に意義深いものだった。彼らは自分たちのためによりよい未来をつくってくれる新しい大統領や上司や後援者を期待し、待ち望み、懇願するのではなく、自分たちで取り組みをはじめることを選んだのだ。二〇〇二年末、アルゼンチン・ダイアログのカトリック教会の信徒リーダーの一人であるクリスティーナ・カルボは、このことを宗教的イメージで伝えた。彼女はこんなメッセージを添えてクリスマス・カードを送った。

二〇〇一年一二月初旬、危機のまっ只中、私たちの多くが、美しいクリスマスが台無しにされていることに動揺したのを覚えています。しかし、イエスは自分が求められ生まれてくる時代を変えたりはしませんでした。迫害、不平等、帝政の真っ只中で、その生涯は新時代の幕開けを伝えたのです。私たちがイエスにならう力を持つことができますように！

＊

生成的（ジェネレイティブ）に複雑な問題は、過去の事例から準備された策をもって解決することはできない。解決策は、状況が展開するにつれて、創造的、創発的、生成的なプロセスを通じて考案されなければならない。今回のアルゼンチンでのワークショップは、そうしたプロセスの一部であり、当初は予想も提案もされなかった結果を生みだしたのである。

チームは、三つの段階を経た会話を通じて、この生成プロセスを実現した。まず、司法システムで何が起きているのかについて、多くのさまざまなアイデアを出し合ったとき、チームは**拡散**した。次に、新しいアイデアを考案し、それが一体何を意味するのか、自分たちは何をしなければならないのかという感覚を育んだとき、チームは**創発**した。そして、自分たちのイニシアチブと計画を決定したときに、チームは**収束**した。

チームのメンバーたちは、真ん中の創発の段階には慣れておらず、苛立ちを覚えた。弁護士や判事である彼らは、あらかじめ設定された順序で提示され、議論され、判断されたアイデアによる線形の問題解決プロセスに慣れていた。しかし、私が以前、ハリウッドの脚本家にこれらの段階について説明したところ、彼はこう答えた。「よくわかりますよ。私たちがグループで脚本に取り組んでいるとき、アイデアについてあれこれ検討するんですが、あなたが『創発』と呼んでいることを私たちはぐつぐつと鍋を煮立てるように『調理』と呼んでいます。新しいアイデアがどんどん湧き上がってくるんです。誰が言ったものなのか、どこから生まれたものなのかわからないくらい」

会話が一転し、チームのやるべきことの感覚が現れたのは、夜のストーリーテリングのセッションの最中だった。参加者の話し方や聞き方が、劇的にオープンになったのだ。サンティアゴ・ガリッキオは、はっとしたように、この夜のことを次のように表現した。「薄い卵の殻が割れて、何もかもがこぼれ落ちた！」。私たちと他者を隔てる境界は薄く、ひびを入れて割るのは単純なことだが、必ずしも簡単に割れるとは限らない。

その夜、参加者は共感と驚きを持って熱心に耳を傾け、驚くほど個人的、感情的に語った。彼らは心から聞き、心から話した。彼らのストーリーは二つの重要な現象を見ることができる窓だった。まず、お互いを同じ人間として、行為者として見ることができた。そして、個人レベルを超え、全体としてこの状況に現れているものと、それが彼らに何を求めているか見ることができたのだ。そこには、シャーマーが内省的かつ生成的な対話と呼んだものがあった。

ストーリーによって、参加者は問題の一部としての個人とグループの役割、そして解決策の一部となるために何をすべきかを理解することができた。このような理解は、どのような類いのオープンな会話でも起こりうるが、個人的なストーリーテリングによって生じることが多い。このようなグループで人々が個人的なストーリーを語ることを選んだ場合、自分自身の何かを明かしている。彼らは、その問題に関して、自分にとって重要なことを共有している。さらに、（カール・ロジャーズの逆説的な言葉を借りれば）「もっとも個人的なことは、もっとも普遍的なことである」ゆえに、こうしたストーリーは、グループが共有するコミットメントの源を明らかにするものでもある。

アルゼンチンのような危機的状況では、チームがこのような創造的な「クリック」を達成する瞬間が、劇的な場合もある。しかし、もっと普通の状況では、捉えにくいこともある。私は、カナダの公務員のグループで、こうした同様のクリックを見たことがある。それは、公共サービスの価値が、彼らが政府に従事したいと思った最初のきっかけだったことを思いだしたときだった。また、米国の会計士のグループでは、彼らが、自分たちの職業が金融市場の健全性を確保するうえで果たすはずのきわめて重要な役割を思いだしたときにも同じことが起こった。これらの事例のすべてに共通するテーマは、参加者が、自分の仕事にとってより大きな目的は何か、なぜそれが個人として、そしてグループとして重要なのかを感じとる（あるいは思い起こす）ことができたことだ。それが、チームの共有するコミットメントの源となる。

手ごわい問題を解決するために必要なのは、新しいアイデアの共有だけではない。コミットメントの共有も必要だ。全体像とそれが私たちに何を求めているかを感じとることが必要なのである。

＊

それから一年後の二〇〇三年の暮れ、私は再びアルゼンチンを訪れた。同国の経済、政治、社会の状態は回復しつつあった。これは、部分的にアルゼンチン・ダイアログの成果によるものだった。参加者は、例えば、貧困家庭への緊急補助金など、危機に対処するための具体的な合意の仲介をしただけでなく、多様なステークホルダーの話し合いのために安全な場を開くことによって、紛争の緩和にも貢献していた。

私は、司法に関する対話チームのメンバーたちの会議に出席した。彼らは最初のワークショップから一五カ月の間に、司法システムに起こったことを総括していた。彼らは喜ぶと同時に、困惑もした。政府は抜本的な司法改革計画（最高裁のほとんどのメンバーの入れ替えを含む）を実施中であり、それはチームが最初のワークショップで明らかにしたビジョンに完全に沿ったものだった。しかし、その間の数カ月を振り返っても、チームはこのワークショップと現在の改革との間の明確な因果関係を理解することができなかった。彼らは明らかに、システムのこうした変化に影響を与えたが、変化をコントロールしたわけではなかった。彼らは司法改革の取り組みのリーダーシップを目に見える形で発揮したと同時に、単純に彼らの時代のはるかに大きな改革運動の小さな現れでもあったのだ。

私はこのことをラモン・ブレンナと話し合った。彼は、数十年間司法改革に取り組んできたチームの思慮深いメンバーだった。彼は「このグループは、変化を強制することに慣れています。しかし、今回は、私たちが変化を生みだしたのです。それがどういうことなのか、理解するのに苦心しているところです」と語った。

後日、シェルで一緒に働いていた同僚のアラン・ウーターズと、この差異についてじっくりと話した。彼は、複雑なシステムでどのように変化が起こるかについて、確実に論理的かつ実践的に理解していた。私がアルゼンチンで仕事をしている間、彼はブルンジで同じような、多様なステークホルダーにかかわる危険の大きい仕事をしていた。「『手ごわい問題の解決』は、私たちやこれらのチームがやっていることを正確に表現していないと思う。これは私たちが『問題の解決』について話すとき、よく故障した車に対処するときのように、結果を生んだ原因を踏まえたうえで、問題から離れ、客観的に問題を検討し、機械的に問題をコントロールしていることを暗に伝えているものだ。しかし、これはますます複雑化し、相互依存が進み、急速に変化している私たちの世界に関してはよい手本にはならない。世の中には、私たちが反応して解決できるような『一つの』問題などない。臓器が身体の一部であるように、私たち一人ひとりがその一部である『問題の絡み合う状況』が存在するのだ。私たちはその状況を客観的に見ることはできない。ただ、主観的にそれを評価することしかできないのだ。私たちは状況に影響を与え、状況も私たちに影響を与える。私たちにできる最善のことは、多様な視点から状況に関わり、アクション・ラーニングのやり方で改善しようと試みることだ。それは、車の修理というよりも、結婚生活の展開のようなものである」

彼はこう続けた。「しかし、このような世界の理解の仕方は、重大な結果をもたらすものだ。もし、私たちが物事のあり方を共創する一部であると認めるなら、私たちは物事のあり方に対して共同責任を負うことにもなる。これが、トルバートが君に言った、『問題の一部でなければ、解決策の一部にはなれない』というコメントに暗にこめられた、道徳的、政治的な難題なのだ。これは一〇年前にシェルで、私たちとシェルが未来の展開になんの影響も与えないかのように思えて、未来のシナリオを書くことの限界を感じたときに、私たち二人ともが実感した難題だった」

「そして、このような世界の理解の仕方は、さらにもっと深く挑戦的なもう一つの意味を持っている。この世界は、私たちにとってあまりにも複雑で、相互依存的で、急速に変化しているため、起こっていることすべてを推論することはできない。私たちはもはや、起こっていることの全体を理解することだけに頼ることはできないのだ。私たちはそれを感じとる必要もある。そのためには、より深く、非合理的で、より古くからの知り方を学ばなければならないのだ」

第13章 丸めた拳と開いた掌

聞くためには、まず話すのをやめることだ。他人の話を聞けない理由の一つは、自分の内なる声によって相手の声がかき消されてしまうことだ。私たちはいつも、反応しては投影し、判断しては先入観を持ち、予測しては期待し、リロードしては逸脱する。聞くための最大の難関は、自分の内なるお喋りを鎮めることだ。それさえできれば、私たちは世界を新たな目で見ることができる。

ジャウォースキーと私は、あるヨーロッパの多国籍企業のチームを支援していた。その企業は、もっとも古く、もっとも大きな部門の惨憺たる売り上げ実績を立て直そうと努力していた。彼らは、同僚、顧客、競合他社、他業界の人々にインタビューを行い、何カ月も前から状況を検討していた。私たちは、フランスのピレネー山脈にある小さな宿舎に泊まって、三日間のワークショップを行った。初日の午前中は、膨大な量のインタビュー資料の分析に費やした。次に、近くの山に登り、雪化粧した山頂と岩肌の谷間の壮大な景色を望める尾根に散らばって陣取った。その後一六時間、私たちは携帯電話も時計も本も紙も持たずに、一人静かにそれぞれのテントで過ごした。問題解決の宿題は何も課されなかった。ガイド兼瞑想講師のジョン・ミルトンは、リラックスして、自分の内側と周囲で起こっていることに全身全霊の存在として向き合うようにとだけ告げた。

尾根で過ごした最初の数時間、私はまったくリラックスできず、心ここにあらずの状態だった。私の頭の中には、ああいえばよかった、これを忘れないようにしなければ、など過去と未来についての思考や不安が渦巻いていた。その後、座って雄大な景色を眺め、のちに夜空を見上げていると、頭の中のざわつきが収まり、思考や不安が消えて、より大きく、包みこむようなものへと自分自身が開いていくのを感じた。そして翌朝、みんなと合流して下山する直前に、次にすべきことに関するいくつかの新しいアイデアが、どこからともなく私の頭の中に浮かんできた。

私たちは山を降り、ワークショップを再開した。沈黙の時間に何が起こったのかについてはあまり話をしなかった。しかし、その後の私たちのワーキングセッションは様変わりした。

私たちの会話は、非常にオープンで、正直で、柔軟性があり、目的意識と生産性が高いものになった。チームは自分たちのビジネス上の問題を改めて理解し、それを解決するための一連の取り組みについて迅速に、かつスムーズに合意に達した。

しかし、この非常に充実した三日間の対話には、丸一日まったく話をしない時間が含まれていた。静寂の時間は、私たちの話し方の質にはあまり影響を及ぼさなかった。突然何かに目覚めた状態で山から降りてきた人など誰もいなかった。その影響は、私たちの聞き方の質に現れた。リラックスして落ちつくことで、私たちは自分自身のこと、お互いのこと、現在の状況や私たちに求められていることに、より深く耳を傾けることができるようになった。

このワークショップには、サンタフェ研究所の経済学者ブライアン・アーサーがゲストとして参加していた。私たちが彼を招待したのは、彼が『ファスト・カンパニー』誌のインタビューで語った、ある刺激的な発言がきっかけであった。

人生の大きな決断をするためには、意識のより深い領域に到達する必要があります。そうすれば、決断は、「決める」というよりもむしろ、内なる知恵を浮かび上がらせることになります。私たちはこれまで、認知とは合理的なものだと信じてきました。つまり、私たちの知性は巨大なコンピュータあるいは黒板であり、そこでプラスとマイナスを計算することで決断に至るというものです。しかし、最近の認知に関する研究によれば、私たちの知性が厳密に論理的な推論を展開することはめったにありません。その代わりに、私たちはパターンと、そのパターンに結びついた感情を頼りにしているのです。

ワークショップでアーサーは、自身の研究や、ノーベル賞を受賞した生物学者や物理学者の同僚の研究から見えてきた、科学的イノベーションのプロセスについて話してくれた。優秀な科学者は、既存の理論を「問題の上におろす（ダウンローディング）」ことで日々の問題を解決し、その理論を使って解法を計算するのだという。しかし、このやり方はブレークスルーを生みだしたい場合には通用しない。そこで、偉大な科学者は「問題を傍らに置いて腰をおろし」、ひたすら観察し、直感的な洞察が得られるのを待つ。真のイノベーションにおいては、問題に取り組み、それについて話すことではなく、一歩下がって無意識に働きかけ、答えに耳を傾けることで「クリック」が生まれるものだ。これは、私たちが山で実行したことである。

もっと些細なことだが、この本の執筆中にも同じような現象に気づいた。ケープタウンの海岸沿いにある家でこの本を執筆していたときのことだ。あるアイデアの表現方法を考えだすのに行き詰まってしまい、中断して五分ほど海で泳いだ。そうすると、机に戻る頃には、何を書けばいいのかひらめいていた。寝る前に歯を磨いていたときも同じことが起こった。問題から離れると、解決策が浮かび上がってくる。

ミーハ・ポーガクニックは、スロベニア人の熱意あふれるコンサート・バイオリニストであり、聞くことに関する素晴らしい先生だ。新しい生徒たちに短い曲を演奏して、何を聴いたかを尋ねる。すると例外なく生徒の一人が「よかったです」と答える。ポーガクニックは強い口調で「よかったかなんてどうでもいいんだ！　何を聴いたかを言ってみなさい！」と言う。彼は、テンポ、色、雰囲気、エネルギーなどの違いを聴きわけ、それに気づくことを生徒に教えたいのだ。聞くことに対する最大の障害は聞くことよりも話すことを、観察することよりも判断することを優先してしまうことだ。

キース・ヴァン・デル・ハイデンも、シェルでインタビューの仕方を指導してくれたときに、同じことを強調した。彼は、インタビューされた人が言っていることを正確に聞き取り、それを書き留めるようにと言った。自分の考えと異なる場合は特に、フィルターにかけたり、歪めたりせずに書き留めろと言う。ヴァン・デル・ハイデン自身、巧みに、かつ誠実に話を聞いてくれる人だった。私はかつて、彼と二人でインタビューを行ったことがある。その後二人のメモを見返すと、どれほど自分が聞き逃していたかに驚かされる。何が重要かについて私に偏見や思いこみがあったことで、インタビュー相手の言葉を正確に聞きとる能力が歪められていた。

私がリーダーやファシリテーターとして自分の力を最大限に発揮できるのは、リラックスした状態で心がそこに存在し、何が起きているかに向き合えるときである。私たちの中で、私たちの間で、私たちの周りで何が起きているのか、そして私や私たちが何をすべきなのかを聞き、さらに他の人が聞くことを促せているときだ。私がリーダーとして失敗するのは、自分が実現させたいこと、無理にでも実現したいことに心を奪われ、実際に起きていることを見逃してしまうときだ。

二〇〇二年の夏、ベティー・スー・フラワーズと私は、米国コロラド州のアスペン研究所で、企業の社会的責任についてCEO向けの小規模な会合を主催した。九・一一とエンロン事件の余波で、企業とステークホルダー、リーダーとフォロワー、欧米とアラブ諸国との間の信頼と相互理解というテーマは、そのセッションでもひときわ重要なものだった。ある日の午後、私たちは美しい渓谷まで車を走らせ、各自別々に、一人で静かに一時間の散歩をする時間を取った。その後、キャンプファイヤーを囲んで夕食を取りながら話を続けた。私はこのセッションで、この気持ちが高まる環境の中で静かな散歩をしたあとなら、必ず、驚くような洞察が得られると思いこんでいた。参加者はリラックスして、幸せそうで、人間味にあふれていた。散歩でインスピレーションを得た彼らは、思いついたことを楽しそうに話していた。しかし、私はまだ満足していなかった。もっと深く掘り下げてみるよう、参加者に厳しく促した。

突然、一人のアラブ人のメンバーが馬に乗って荒々しく焚き火の前に現れ、私たちの会話を遮った。散歩の途中で出会った男たちにビールを勧められ、彼らの馬に乗せてもらったのだ。「これが我々の文化なんだ！」と彼は興奮気味に語った。私の真剣な対話は消え失せ、一同は楽しい笑いに包まれた。なのに、私は魔法をつくりだせなかったという失望感で頭がいっぱいだった。心ここにあらずの状態だったために、グループに乗りこんできた魔法を認識することができなかった。

ハリソン・オーエンは、オープン・スペースという非常にオープンで自己主導的な対話と行動の方法論を開発した草分け的存在のファシリテーターである。彼と私のプロセスファシリテーションへのアプローチについて二人でやりとりしていた際に、彼はこう書いてきた。

あなたは、それ自体の力でおおむね実現しうることを、自分の力でなんとかしようとしすぎてはいませんか？　オープンに話すことやオープンに聞くこと、あなたが注目している他の要素も確かに重要ですが、これらはどうすれば手に入るのでしょうか？　二〇年間オープン・スペースに携わってきて確信したのは、こうした要素はすべて自然発生的な現象であり、スペースさえ与えられれば、ほぼ自力で生まれてくるということです。確かに混沌、混乱、対立はたくさんありますが、この神聖とは言いがたい三位一体は実に多くのものをもたらしてくれるのです。

複雑な問題が存在する状況の解決を支援したいのであれば、おのずと解決しようとしている状態の邪魔をしないようにしなければならない。

＊

この頃までには、手ごわい問題を解決する際の私の取り組みは、自分の聞く力をオープンにし、他の人が同じようにするための支援に問題なく集中できる状態になっていた。ところが、ピレネーでグループを指導してくれた瞑想と武術の師匠、ジョン・ミルトンの一言に、私は我に返った。突然、私は自分が注力していることが著しくバランスを欠いていることに気づいた。物語の半分を見逃していたのだ。

太極拳のレッスンの終わりのことだった。ミルトンは、今まで見たこともないような手の組み方で、私たちにお辞儀をした。右手は拳を丸め、それを左手で包んでいた。あとで、あれはどういう意味なのかと尋ねると、彼はこう言った。「これは古代のムドラー、つまり神聖な手の表現です。右手は拳をゆるく握り、陽、つまり男性的なものを表しています。中国古典の『易経』では『乾為天（けんいてん）／創造』と言われています。左手は右手をそっと握り、陰、つまり女性的なものを表しており、『坤為地（こんいち）／受容』と言われています」。そして、彼は私に微笑みかけた。

「右手はオープンに話すことを表しています。こぶしは強く握らず、鉛筆がすっと通るくらいにします。これは相手に『向かって』話すのではなく、相手と『共に』話すことを示しています。そして、左手はオープンに聞くことを表しています」

私たちの多くは、話すことをオープンにするよりも聞くことをオープンにするために、いっそう努力する必要がある。しかし、話すだけでは解決できないのと同様、聞くだけでは手ごわい問題を解決することはできない。新しい現実をつくりだすには、聞くことと存在することが必要だが、同時に、話すことと行動することも必要だ。オープンに聞くこととオープンに話すことは陰と陽の関係であり、二つの部分が同じ全体を構成し、二つの動きは同じ生成的なダンスの中にあるのだ。

第14章 傷口は一体になりたがっている

グアテマラでは、美しくも恐ろしい状況で、この生成的なダンスを目の当たりにした。グアテマラは一九六〇年から一九九六年まで、ラテン・アメリカでもっとも長く続いた、もっとも残忍な内戦を経験した。アルゼンチンから雇われた拷問指導員でさえ、自分たちが目撃したことに愕然としたほどだった。総人口七〇〇万人のうち、二〇〇万人以上が「行方不明（殺害された）」となり、一〇〇万人以上が強制退去させられた。グアテマラ政府は、この暴力のほとんどすべてに関与しており、そのほとんどすべてをこの国の先住民であるマヤ人に対して行った。

この時期の公式な、国際的な支援を受けた調査を行ったのが「歴史解明委員会」だった。彼らの報告書を読むとぞっとする。そこに記録されているのは、テロ、拷問、誘拐、少年兵、軍事警察、専断的な処刑、レイプ、半官の暗殺集団の使用、政治空間の閉鎖、社会組織の弱体化、正義の否定、そして虐殺、大量虐殺についてである。グアテマラが示したのは、アパルトヘイト症候群のもっとも極端に起こりうるバージョンだった。

一九九六年、一〇年にわたる交渉の末、政府とゲリラは一連の和平協定に調印した。グアテマラの人々は、壊された破片を掃き集め、自分たちの生活と国を再建しはじめていた。エネルギーと創造性をもって、粉々になった社会を修復するための取り組みを立ち上げた。破壊された状態の真っ只中にあって、彼らは新しい、よりオープンで希望に満ちた未来に種をまきはじめていた。グアテマラは極端さと鮮やかな色彩のある国である。一つの風景の中に人間の最悪と最善があるのだ。

そうした再建のための取り組みの一つが「ビジョン・グアテマラ」である。それは、モン・フルーから着想を得たもので、和平協定の履行の支援を目的としていた。メンバーは、学者、企業や非政府組織のリーダー、元ゲリラ、軍人、役人、人権活動家、ジャーナリスト、国や地方の政治家、聖職者、労働組合員、そして若者たちだった。私は、このチームの話し方と聞き方、そしてその後何年もかけて生みだしたものに対して、畏敬の念に打たれた。

一九九八年、最初のワークショップは、首都から四時間の場所、トリマン山の麓のアティトラン湖畔の高原にあるホテルで開催された。最初はぎこちなく、形式的にはじまった。参加者たちは、互いに深い不信感を抱いていた。プロジェクト・ディレクターのエレナ・ディエス・ピントは、のちにＳｏＬ（組織学習学会）の研究者によるインタビューにこう語っている。

初回ミーティングの前に昼食をとろうとホテルに着いたとき、私が最初に気づいたのは、先住民の人たちが一緒に座っていることでした。軍の男性陣も一緒に座っていました。人権団体も一緒に座っていました。「お互い話しかけるつもりはないな」と思いました。私たちグアテマラの人間はとても礼儀正しくすることが身についています。礼儀正しくするあまり、口で「イエス」と言っても心では「ノー」なのです。礼儀正しすぎて、本当の問題が決して現れないのではないかと心配でした。

昼食後、チームは会議室に移動した。椅子を円形に並べ、各自が自分にとってグアテマラの今の現実を象徴するようなものを提示した。この演習によって、私たちはたちまち驚くほどさまざまな視点の全景の中に引きこまれた。トウモロコシの穂軸――トウモロコシは主食であり、食べ物を増やす種であり、マヤの伝説によると、人間はトウモロコシからつくられたという。多数の鮮やかな色で染められたウール製の伝統織物の衣類数点――グアテマラの多様な民族集団を表す。五歳の娘の写真。和平協定の写し二通。内戦で強制移住させられた先住民の調査を実施して暗殺された人類学者、マーナ・マックのポスター。

こんな調子で、グアテマラの複雑な現実を明らかにするためのセッションが行われ、会議は続いた。「昼食後、まだ話したことのない人と一時間ほど外を散歩しましょう」といったシンプルな聞くことの演習でさえ、興奮と発見を生んだ。数十年にわたる恐怖と分断を経て、参加者たちは単純に互いにオープンになって話し合う機会を得たことに喜びを感じていた。あるチーム・メンバーは、こうした交流の驚きと影響を次のように語った。

私たちは他の人たちの大いなる豊かさに気づいていませんでした。それが見えなかったのです。正直に言えば、その人から学ぶことがあるとは思いもしなかったような人たちから、それも相当たくさんの学びを得ることができました。

また、べつのチーム・メンバーはこう語った。

一回目のセッションの第一ラウンドは、心に深く刻みこまれた近年の出来事を全員が振り返っていたため、きわめてネガティブなものでした。悲観的な雰囲気に満ちた最初の時間が生まれていました。突然、一人の青年が立ち上がり、私たちの悲観的な考えに真っ向から疑問を投げかけてきました。この瞬間が、重要な変化のはじまりとなり、その後、私たちはこのことに絶えず触れました。青年が突然、私たちを「年老いた悲観論者」と呼んだことは、重要な貢献だったのです。

二日目の夕食後、私たちはストーリーを語るために集まった。このセッションは、釘づけになるほど素晴らしく、感動的なものだった。私たちは、内戦に関する多くのストーリーを聞いた。実業家のヘレン・マック・チャンは、一九九〇年に白昼堂々、軍に暗殺されたマーナ・マックの妹だった。ヘレンは、自分がいかに憤慨して役所から役所へと走り回って、姉がなぜ殺されたのかを知ろうとしたというストーリーを語った。その夜のワークショップで、ヘレンは、輪の中で隣に座っていた男性に、しっかりと冷静に自分のストーリーを語った。その男性は、恐れられていたグアテマラ軍統合参謀本部第二局の陸軍将校だった。当日任務に就いていたのに、彼女に嘘をつき、何も知らないと言った張本人だったのだ。

翌朝の全体のセッションでは、誰もが自由に話すことができた。前日の会話を寝かせたあとで、参加者が新しい重要な事柄を提示することはよくある。私はリラックスして、その場にいて、心を開き、好奇心をもって、なんら予測はせず、何が出てくるのかに耳を傾けていた。ロナルド・オチャエタという人が、話したいストーリーがあると言った。オチャエタは、内戦の残虐行為を記録していたグアテマラ大司教区人権事務所の所長だった。

オチャエタはマヤの村に行き、内戦中に相次いだ大虐殺の犠牲者を葬った共同墓所の一つの発掘調査を目撃したときのことを話した。土の中からたくさんの小さな骨が現れたので、オチャエタは、虐殺のときに骨が砕かれたのだろうか、と法医学者に質問した。するとこんな答えが返ってきた。「いいえ、この墓には妊娠していた女性も埋葬されています。小さな骨は胎児のものです」

オチャエタがストーリーを話し終えると、チームは完全に静まり返った。私はこんな話は聞いたことがなかった。口もきけなかった。何を言えばいいのか、何をすればいいのかわからなかったため、何も言わず、何もしなかった。輪を見回すと、一人の老人と目が合い、彼は私に向かってただゆっくりとうなずいてくれた。その沈黙は長く、おそらく五分ほど続いた。そして、その沈黙が終わり、私たちは休憩をとることにした。

この沈黙は、グループに非常に大きな影響を与えた。数年後のインタビューで、多くのメンバーがこの沈黙について言及した。あるメンバーの言葉である。


グループは、率直に話せる機会を得たのです。相手を不快にさせることなく、言いたいことを言えるようになりました。そのおかげで、唯一の真実ではなかったとしても、確実に参加者それぞれにとっての真実は表現できる好ましい雰囲気が生まれたと思います。それは最終的に達成できたと確信しています。最後に、特にオチャエタ氏のストーリーを聞いたあと、実際に起きたことの全貌を心から理解し、実感しました。そして、こうしたことが再び起こるのを防ぐために、私たちは懸命に努力しなければならないという気持ちになりました。

また、べつのメンバーは次のように話した。

それは一つのストーリーであり、同じようなストーリーは何千とあるはずです。この国で起こったことは残酷でした……。しかし、私たちはそれに気づいていたのです！　私もそうでした！　私は長い間、政治家だったので、このことは取り組んでいた分野の一つでした。私の政治活動を理由に、軍に脅されたこともありました。しかし、私たちは、反対者として、敵として、常に自分個人の視点に苦しんでいました。私に関するかぎり、ワークショップのおかげで、このことを本当の人間的側面から理解することができました。途方もなく残虐なことでした！　それには気づいていましたが、体験はしていなかったのです。何かを知っていて、それを統計的なデータとしてとることと、実際にそれを感じることは別物です……。だから私たちは皆、このプロセスを経験しなければならなかったのだと思います。それを理解したうえで、全員がこうしたことをくり返させないと誓ったのだと思います。

また、沈黙の影響を覚えている人もいた。

オチャエタ氏の証言は誠実で、穏やかで、声には憎しみのかけらもありませんでした。そして沈黙が訪れます。その沈黙は、少なくとも一分間は続いたのではないでしょうか。恐ろしかったですよ！　誰もが心を揺さぶられる体験でした。きっと私たちの誰もが、あの瞬間は大きな聖体拝領のようでもあったと話すことでしょう。誰もその沈黙を破る勇気はありませんでした。

また、べつの人も沈黙の力を強調した。

沈黙には、信じられないほどの絆を結ぶ力があります。ただ黙っているだけで、誰も何も言わなくていいのです。私たちはそこにいるのです、全員が一緒に。

そのセッションの終わりに、私は自分らしくない発言をした。「この部屋に魂の存在を感じた」と。すると、マヤの青年が近づいてきて、こう言った。「なぜ、部屋に魂がいることに驚いたのですか？　今日は精霊の日だって、知らなかったのですか？」。私は、彼が言ったことの意味を正確に理解することは決してできなかった。この五分間に起こったことがなんであれ、私よりも彼の方がそれをよく知っているということをのぞいては。

一回目のワークショップから二カ月後、二回目のワークショップが開催され、チームはグアテマラの現実を明らかにするワークを続けた。歴史家たちは、グアテマラの最近の過去について、異なるストーリーを提供した。実業家と経済学者のパネルディスカッションでは、グローバル化している市場の文脈での国家の発展に関する問題を説明した。マヤの三人の学者は、先住民の宇宙論と文化について語った。このセッションは重要だった。この国で少数派のラディノ（白人または混血人）は多数派のマヤの人々を無視し、差別し、殺害してきたからだ。抑圧された人々の大半と同じように、マヤの人々も見えないものとされていたが、今や目を向けられるようになっていた。

あるセッションでは、チームは歴史解明委員会の調査結果をめぐる、特に難しい対話に身を投じることになった。退役した軍高官のフリオ・バルコーニは、内戦中に国を守るためにしなければならないと考えていたことをどのように行ったか、他の人たちに理解してもらうのに苦心していた。それはチームの多くのメンバーが聞くに耐えないと感じる視点だった。和平協定履行の監視を担っていた閣僚のラクエル・セラヤは、バルコーニのほうに身を乗り出して、静かに、大いに共感しながらこう言った。「女、子どもの虐殺を習うために陸軍士官学校に入る人などいないことはわかっていますよ」

このようにグアテマラの過去と現在を広く深く探求した結果、チームは未来に起こりうる一連のシナリオを構築した。また、自分たちが創造したい未来のビジョンも築いた。それは根拠なく示されたものではなく、今やシステムの現実のより広く、より深い理解に根差したものになっていた。彼らはそのビジョンを「**蛍の飛行**」と呼んだ。なぜなら、それが描く社会システムは、一人の救世主的指導者の光に焦点を当てたものではなく、マヤ人を含むすべての人々の多様な貢献によって構築され、照らされるものだったからだ。このビジョンの一部は、非常に長い年月にわたる悪夢のような分断と抑圧を経て、グアテマラ人が「共に夢を描ける力を取り戻す」というものだった。ある参加者は次のように述べた。

集団で夢を描くという特権のある人はごくわずかですし、舞い上がるような心持ちです。

ただでっちあげるのではなく、実際に現実に根づかせようと、一連の問題に収束させることができるという事実……そして、全力でそれをつかみ取ろうとし、その結果、自分の感じたことを実際に思い描けるようになるのです。その感覚はとても力強いものです。

シナリオやビジョンは、はじまりにすぎなかった。それらはチームにとって、自分たちが置かれた状況の全体像と、それに対して何をすべきかを把握するための手段だった。これはある大学総長の言葉である。

このシナリオの作成の意義はどこにあったのでしょうか? シナリオができたのはよいことですが、必ずしも最重要事項ではありませんでした。シナリオのストーリーは、人類学者のブロニスワフ・マリノフスキが南太平洋の島々で発見した交易システムについて語る話に似ています。それは、島民が他の島に渡り、貝殻を交換するというきわめて精巧なメカニズムが存在することを発見したという話です。経済論理の観点からは、これはまったくナンセンスです。命の危険を冒して遠路はるばる貝殻の交換をするのですから。だが、最終的にマリノフスキは明らかにします。貝殻はほんとうに重要なことを他に山ほどするための立派な口実だということを。私が思うにシナリオはビジョン・グアテマラの貝殻です。シナリオは私たちがなすべきことをするための立派な口実だったのです。

国連開発計画（ＵＮＤＰ）のグアテマラ駐在員、ラーズ・フランクリンは、ビジョン・グアテマラがまき、育てた数々の種を見れば、このプロジェクトについて何よりもよくわかると述べた。これらの種には、三つの主要政党の綱領への影響と、歴史解明、和平協定の監視、新しい財政協定に関するきわめて重要な委員会への参加、そして憲法改正運動、全国貧困撲滅計画、いくつかの地方自治体開発戦略、小学校と大学のカリキュラム改革への貢献が含まれていた。あるチーム・メンバーは「ビジョン・グアテマラは、この国で起こりうる最善のことのたとえ話だ」と語った。

ビジョン・グアテマラに参加した政府関係者はこう振り返った。

のちにグアテマラで起きたことがどれくらいビジョン・グアテマラに関係あるのか私にはわかりません……。評価するのは難しいです。ビジョン・グアテマラは、キリストが「自分の十字架を背負って、私に従いなさい」と語りかけた弟子たちのようなものです。それは、文章やラジオやテレビを通して起こったのではありません。内省のプロセスがそれを起こしたのです。

プロジェクトが正式に終了して二年後の二〇〇二年、半日の同窓会を開催した。また集まれたことに対する彼らの興奮度合いが印象的だった。昼食のテーブルの一つで、四人のチーム・メンバーが一緒に座り、深く話しこんでいた。彼らはそれぞれ自分の政党の大統領候補だった。各派閥がバラバラに座っていた最初の昼食会とは大違いだった。チーム・メンバーは、影響力のあるいくつかの境界横断的な対話グループを立ち上げていた。ひどく分裂していた左派の組織間、先住民の組織間、二〇の異なる政党の政治家間などだ。また、地元の緊急課題に取り組むために、二〇〇の地方自治体（全地方自治体の三分の二）での対話を主催した。グアテマラ人は力の行使による閉鎖的な方法から、対話によるオープンな方法に切り替えつつあった。彼らはアパルトヘイト症候群から脱却しているところだった。

その日の午後の休憩は一時間以上続いた。その間にチーム・メンバーたちは精力的に意見交換をし、支援を申し出、新たな計画を立てていたからだ。このプロジェクトのもっとも重要な成果は、こうした信頼の絆でつながり合った関係だった。そこから他のすべての成果が生まれたのだ。チーム・メンバーたちは、このプロジェクトは、この国の循環システム、つまり、国という体のさまざまな部分をつなぎ、生きる力を与えている血液系を活性化するものだと表現した。グアテマラのように、対立で社会のネットワークが切り裂かれた国では、各セクターのリーダーたちが互いに話し合い、聞き合うことができるようになって初めて、問題解決が可能となる。私は、このプロジェクトの資金提供者の一人に、資金は有益に使われたと思うか尋ねてみた。彼は大勢の人々がセクターを越えて円陣をつくる様子を見渡した。「このネットワークの構築だけでも、資金に見合う価値があります。このプロジェクトのもっとも重要な成果は、バディ・システムが確立され、存続していることです。このネットワークは、かなり大胆なイニシアチブに対しても、すぐに動きだすことでしょう。恐れることなくさまざまな視点が共有されます。人々は絆で結ばれ、それはおそらく一生ものとなるでしょう」

プロジェクトが終了してからの数年間、グアテマラはジェットコースターに乗っているかのようなアップダウンがあった。一九九九年の選挙で、大量虐殺の最悪の時代に独裁者であったエフライン・リオス・モント将軍が率いる政党が政権を握った。政治的な暴力と弾圧が戻ってきたのだ。このような暗い背景で、ビジョン・グアテマラとそこから派生した対話プロセスは、希望を生みだす光源、「蛍」となったのである。国連のラーズ・フランクリンは、ビジョン・グアテマラを「物事を再び軌道に乗せたいと願うグアテマラの人々にとっての前向きな基準点」と呼んだ。チーム・メンバーの一人は「確かに今はうまくいっていない状況です。しかし、ビジョン・グアテマラのような対話がなければ、すでに軍事クーデターが起きていたでしょう」と言った。またべつのメンバーは、こう述べた。「ここでは物事がうまくいかないと、誰もが溝をさらに深く掘ります。ビジョン・グアテマラは、私たちの溝に橋をかけてくれるのです」

二〇〇三年の選挙の準備期間に、リオス・モントは自陣営に有利になるように選挙規則を強制的に変更させるべく、グアテマラシティで恐るべき暴動を指揮した。それから二日以内に、ビジョン・グアテマラのメンバーたちの主導によって、とてつもなく広範囲に及ぶ政治団体と市民社会団体の幅広い連合が抗議のために結集した。ビジョン・グアテマラのネットワークは直ちに行動を起こしたのである。数カ月後の選挙では、リオス・モントは大差で三位となった。二〇〇四年初頭の新政権発足時には、閣僚の三分の一がこのチームのメンバーだった。蛍が希望に輝きながら飛んでいた。

＊

ＭＩＴスローン経営大学院のカトリン・コイファーの率いる研究者グループは、ビジョン・グアテマラ・チームのメンバーへのインタビューを行った。彼女は、ビジョン・グアテマラ・チームで取り交わされた会話が、オットー・シャーマーの四つの話し方と聞き方に密接に対応していることに気づいた。

第一の話し方と聞き方は、**ダウンローディング**である。いつもと同じことを話し、まったく聞いていないのだ。これが、エレナ・ディエス・ピントが、各グループが別々に座っているのを見て、「この人たちはお互いに話をしないでしょう。グアテマラでは……私たちは口では『イエス』と言っても、心では『ノー』なのです」と思って心配したことである。

第二の話し方と聞き方は、**討論**（ディベート）である。公平に、客観的に聞くことだ。これは、グアテマラのチーム・メンバーが、「どう反応しようかと心の中で考えるのではなく、実際に聞く」ことを試みたときにしていたことだ。オープンに聞くことは、オープンに話すことに通じる。「青年が私たちを『年老いた悲観主義者』と呼んだ」ときのように。

第三の方法は、共感をもって、主観的に、本心から話し、聞くことである。**内省的な対話**（リフレクティブ・ダイアログ）だ。ラクエル・セラヤはフリオ・バルコーニ高官の話を聞いてから「女、子どもを虐殺することを学ぶために陸軍士官学校に入る人などいないことはわかっていますよ」と言ったときに、これを実際にやってみせた。

第四の話し方と聞き方である**生成的な対話**（ジェネレイティブ・ダイアログ）は、オチャエタが話しているのを包みこんだときの聞き方だ。ジョン・ミルトンがゆるく握った右の拳を開いた左手で包むように。チームは、そのストーリーテリングの間に、何か重要で特別なことが起こっていることを感じた。まるで語り手たちが全員、同じ大きなストーリーの一部を語っているかのように、一つのストーリーがべつのストーリーの中に流れこんでいるように思えた。時間がゆっくりと流れているかのようだった。「五分間」の沈黙が実際どのくらい長く続いたのか、私にはよくわからなかった。人々の間の通常の距離が縮まったようだった。チームは、互いの個人的な視点に耳を傾けることから、しばらくの間、全体の集合体である「私たち」になることにシフトしたのである。

二人のチーム・メンバーは、この体験を「聖体拝領」の一つだと表現していた。のちに、私はこのストーリーを、グアテマラに長く滞在したことのある米国ニュー・メキシコ州のカトリック教会の司祭、ロバート・スタークに話し、この文脈で「聖体拝領」という言葉をどう理解すればよいか尋ねた。彼はこう言った。「私は、あなたが話してくれた体験は、私たちのもっとも深いところにあるエッセンスに触れるはっきりした感覚として認識しています。聖体拝領とは、魂の融合という意味です。一緒にパンを食べると、互いの絆が深まりますし、聖体拝領用のパンを食べると、私たちはキリストの中で一つの体となるのです。聖体拝領に参加することは、私たちが根本的につながっていることを理解することです。マヤ人のような先住民は、こうしたつながりをよく知っています。沈黙の中で、私たちはこのつながりを力強く感じることができます。それが一体感の沈黙なのです」

そのとき私は、このような根本的なつながりの体験が、他にも二度あったことに気づいた。ドロシーとの結婚式で、誓いの言葉を交わしていたとき、満員のテント全体が一つになったように思えた。そして、ピレネー山脈で一人、私は巨大な自然全体と一体化するのを感じた。
チームは、オチャエタの話を聞いたとき、彼個人への共感をもって聞いていたわけではなかった。彼は、実際、チームの周縁のメンバーであった。このストーリーは、彼自身のことではなかったし、彼はほとんど感情を交えずに話した。その場にいた他の何人かは、自分自身の実体験から同じような話をすることができたはずだ。その代わりに、オチャエタが話すことが媒体となり、そのきわめて重要なストーリーが部屋の場に現れ、チーム全員が耳にすることになったのである。共感的な会話では（セラヤとバルコーニのように）、それぞれのストーリーはパズルのピースであり、多様なグループでのそうした会話によって、より大きな絵が見えるようになるものだ。しかし、今回のストーリーテリングでは、それぞれのストーリーが全体像を内包するホログラムだった。チームは、オチャエタのストーリーの中にグアテマラの現実全体の本質を垣間見て、それによって自分たちが何をすべきかを理解した。それをのちにメンバーの一人がこうまとめた。「このようなことが二度と起こらないようにするために、私たちは闘わなければならないのです」

量子物理学者のデヴィッド・ボームはかつて、宇宙は一体であるにもかかわらず、私たちはひびの入った鏡を覗いているかのように、誤って宇宙を断片的なものとして見ていると語った。生成的な対話（ジェネレイティブ・ダイアログ）をしていたそのとき、ビジョン・グアテマラ・チームは、全体像を見たのだ。

ビジョン・グアテマラ・チームは、このストーリーテリングのセッションで、共有するコミットメントの源を見つけた。彼らは皆、この最初のワークショップに参加することによって、このプロジェクトに対するおおまかなコミットメントを示していた。しかし、彼らの正確な目的、そしてその目的に対するコミットメントは、五分間の沈黙の間に初めて、全容を表したのだ。このストーリーテリングは、チームの最初の会合の間に行ったことだ。まるで、この目的がすでに存在し、発見されるのを待っていたかのように。グアテマラの状況の全体像を垣間見たことから、彼らは自分たちが何をしなければならないかを悟った。その目的を実現するためにとるべきイニシアチブの詳細はあとになって現れるのではあるけれど。ちょうど、私がモン・フルーで、ドアの向こう側に何があるかわからなくても、開いているドアをくぐらなければならないことを知っていたように。

私の同僚であるピーター・センゲ、オットー・シャーマー、ジョセフ・ジャウォースキー、ベティー・スー・フラワーズは、この現象を「プレゼンス」と呼んでいる。『出現する未来』（野中郁次郎監訳、高遠裕子訳、講談社、二〇〇六年）の中で、彼らはこう書いている。

われわれは、未来の場に繋がるために必要な能力の核心は、プレゼンスであると考えるようになった。当初、プレゼンスは、今この瞬間に意識を集中することだと考えていた。つぎに、耳を澄ますこと、無意識の想定や既存の知識を超えるものに心を開くことだと考えるようになった。さらに、古いアイデンティティや執着しようとする心を手放すこと、ソークが言うように「生命の進化に奉仕するという選択をすること」が重要であると考えるようになった……最終的に、こうした側面のすべてが、変化のための大きな場にみずから参加する「受容」につながると考えるようになった。受容が起きれば、場が変化し、状況を形成している力は、過去を再生産するものから、出現しつつある未来を顕在化させ、実現させるものになる。

モン・フルーのプロジェクトの締めくくりで、チーム・メンバーの一人が、このプロジェクトに対して丁寧で的確な評価をしてくれた。「私たちは、おおまかにですが、うまくいったときの未来の姿を描くことを成し遂げました。前進することに全力を傾ける私たちがとるべき道筋を明確にし、今未来に向けて進んでいます。ですが、自分にとって重要なことを妥協してしまったことに落ちつかない気持ちなのです」。私は、この意見をしばしば思い出し、どうすれば妥協を超えた合意を達成できるだろうかと考え続けた。

そして、ビジョン・グアテマラのプロジェクトの締めくくりでは、エレナ・ディエス・ピントが、マヤのキチェ族の聖典「ポポル・ヴフ」には、次のような文章があることを教えてくれた。「私たちは、自分たちの考えをまとめたのではない。目的をまとめたのだ。そして、合意し、決定した」。ビジョン・グアテマラ・チームはプレゼンスによって、アイデアに関する妥協をするのではなく、目的についての合意を達成したのだ。目的に対するこの深い合意によって、グアテマラの新しい、よりよい未来の創造に重要な貢献をすることができたのである。

＊

デズモンド・ツツが南アフリカの英国国教会の大司教を退いたとき、その後任としてジョンゴンクル・ダンガンが選ばれた。地方教会会議を構成する三二人の司教は全員、ダンガンの即位式のためにケープタウンに集まる機会があったので、彼は戦略計画のワークショップを開催することにした。私は、そのファシリテーターを頼まれたが、キリスト教の専門的な話についていけないのではないかと不安になり、妻のドロシーに手伝ってほしいと頼んだ。一緒に仕事をするのは、モン・フルーのとき以来であり、私たちはそれを喜びに満ちた経験だと感じた。会議は毎日教会で祈り、歌いながら、はじまり、終わった。このグループは、自分たちの使命を並外れてはっきりと感じ取っていた。同時に、取り組むべき、長期にわたる問題もいくつか抱えていた。

司教たちは、並外れて忍耐強く、その場に存在する聞き手だった。初日、私たちは会議のグラウンドルールについて話し合っていた。一人の司教が、「私たちは互いに耳を傾けなければなりません」と提案した。二人目の司教は、「いや、ブラザー、それでは不十分です。私たちは共感をもって耳を傾けなければなりません」と言った。そして三人目はこう言った。「ブラザー、それではまだ不十分です。私たちは、私たち一人ひとりの中にある神聖なものに耳を傾けなければなりません」

ビジョン・グアテマラ・チームは、オチャエタのストーリーを聞いたとき、神聖なものに耳を傾けていた。彼を通して、グアテマラと自分たち自身の中にある最善となりうるものに耳を傾けていたのである。新しい、よりよい未来を創造するには、自分たちの状況における最高の可能性に耳を傾けなければならない。その最高の可能性は、私たち一人ひとりの中で、そして一人ひとりを通してその姿を現す。

＊

ビジョン・グアテマラのストーリーを、「ボストン公共の対話プロジェクト」のディレクターであるローラ・チェイシンに話した。チェイシンは、妊娠中絶の賛成派と反対派の活動家の間の長期にわたる対話など、いくつかの深く難しい対話をファシリテーションしてきた。彼女はしばらく黙っていた。「あなたの話を聞いて、私は二年前、夫がひどい事故にあったときに学んだことを思いだしました。湖で泳いでいたところをモーターボートに轢かれたのです。プロペラで脚を大きく切り裂かれました。私たちは急いで彼を病院に連れて行きましたが、医者は傷が大きすぎて縫うことができないと言いました。傷口を清潔に保ち、乾燥させることしかできなかったのです。『傷口の両側がお互いに伸びてくるでしょう。傷口は一体になりたがっているのです』と医者は言いました」

「あなたと私が関わっている対話は、その傷口のようなものです」とチェイシンは続けた。「参加者も、彼らが一部となっている人間のシステムも一体でありたいと望んでいます。ファシリテーターやリーダーとしての私たちの仕事は、単に清潔で安全な空間をつくる手助けをすることです。そうすれば、癒やしが生まれるでしょう」

結論　オープンな方法

力の行使に頼らず、手ごわい問題を解決するにはどうすればいいのか。家庭、職場、地域、国、そして世界におけるアパルトヘイト症候群を克服するにはどうしたらいいのだろうか。どうすれば、私たちの世界に広がる大きな傷を癒やすことができるのか。

　これらの問いに対する答えはシンプルだが、容易なものではない。私たちは、今の現実を共創している人たちを集めて、新しい現実を共創しなければならない。ダウンローディングやディベートから、内省的な対話（リフレクティブ・ダイアログ）や生成的な対話（ジェネレイティブ・ダイアログ）へと移行しなければならない。閉じた方法ではなく、オープンな方法を選択しなければならないのだ。

　このようにオープンになることが強く求められるのは驚くことではない。結婚、経営、交渉、精神に関する多くの教科書が同様のアドバイスをしている。驚くべきは、話すことと聞くことというもっとも基本的な社会的行動方法についてシンプルで実践的なシフトを行うことによって、私たちのもっとも複雑で行き詰まっている問題の絡み合う状況を解き放てることだ。我々は奇跡を創造しているのだ。

では、どうはじめればよいのだろうか？　ここで一〇の提案をしよう。

1. **自分の状態や、話し方、聞き方に注意を払おう。**自分自身が持っている前提、反応、収縮、不安、偏見、投影に気づこう。

2. **率直に話そう。**自分が考えていること、感じていること、望んでいることに気づき、それを口にしてみよう。

3. **何事についても唯一の真実は誰もわからないことを覚えておこう。**物事について絶対に確かだと思うときは、その文に「私の考えでは」とつけ加えよう。難しく考えすぎないで。

4. **対象となるシステムに関与する他の人々と関わり、その意見に耳を傾けよう。**自分とは異なる、むしろ対立する視点を持つ人を探し出そう。自分のコンフォート・ゾーンを超えていこう。

5. **そのシステムにおける自らの役割を振り返ろう。**自分のしていること、していないことが、どのように物事の成り行きに加担しているかを検討しよう。

6. **共感をもって耳を傾けよう**。相手の目を通してそのシステムを見てみよう。自分が相手の立場に立っていると想像してみよう。

7. **あなた自身や他の人たちによるものだけでなく、全員を通して語られていることに耳を傾けよう**。そのシステム全体に現れつつあることに耳を傾けよう。あなたの心で聞こう。あなたの本心から話そう。

8. **話すのをやめてみよう**。質問をかたわらにおきながら腰をおろしてみよう。そして、答えが浮かんでくるようにしよう。

9. **リラックスして、全身全霊でその場に存在しよう**。自分のマインドと心と意志をオープンにしよう。心打たれること、変容することにオープンになろう。

10. **これらの提案を試してみて、何が起こるか気づこう**。他者との関係、自分自身との関係、そして世界との関係において、何が変化するのかを感じ取ろう。実践し続けよう。

これらの提案はシンプルだが、決して容易なことではない。私たちのほとんどは、そして、間違いなく私自身は、ほとんどの場合、これらのことをやり損ねる。これらが難しいのは、世界との関わり方において、私たちは微妙かつ根本的な転換を迫られるからだ。自己をオープンにするということは、私たちは防御メカニズムを低下させ、自律性とコントロールをあきらめることだ。拳を緩め、私たちの確信とアイデンティティ、つまり私たち自身に対して、挑戦を受け、変化させられることをよしとすることだ。

世界を変えたいと願った一人の男の話がある。力の及ぶかぎり努力したが、彼は何一つ成し遂げることができなかった。そこで彼は、代わりに自分の国を変えてみようと考えたが、それもうまくいかなかった。それから町を変え、近所を変えようとしたが、やはりうまくいかなかった。そして、せめて家族だけでも変えようと思ったが、また失敗した。そこで、彼は自分自身を変えることにした。すると、驚くべきことが起こった。自分が変わるとともに、家族も変わった。そして、家族が変わると、近所が変わった。近所が変わると、町が変わった。町が変わると国が変わり、国が変わると世界が変わった。

どうすれば、世界を変えるために自分自身を変えることができるのか。答えはシンプルだが、容易なことではない。実践するしかないのだ。瞑想の実践をするには、自分の心がどこにあるかに気づき、何度も何度も意識を呼吸に戻し続けるだけでよい。同様に、自分自身をオープンにする実践をするには、自分がどのような状態にあるかに気づき、何度も何度も、その場にいることに立ち戻り、リラックスし、オープンになることに注意を向け続けるだけでよい。

幸いなことに、私たちにはこの実践をする機会が豊富にある。あらゆる会話、あらゆる状況で、毎日やればよい。

この実践と取り組みは、世界中のあらゆる文脈、あらゆる規模で働く人々が切り開いている、より大きな新たな動きの一部である。一九九〇年代初頭、シェルのチームが世界中で起こっていることを調べたとき、私たちは未来について二つのもっともらしいストーリーを策定した。恐怖、閉鎖、分断を特徴とするシナリオ「バリケード」と、希望、オープンさ、全体性を特徴とするシナリオ「ニュー・フロンティア」である。それ以来、私が関わってきたほぼすべてのグループが明確にしてきたのは、既得権益が何度も何度も現状を再生産して下降スパイラルに陥るシナリオと、幅広い対話型の連合がすべての人にとってよりよい現実をつくりだすシナリオである。私たちが直面する莫大な課題に対処するため、よりオープンで参加型の方法を開発しようと、あらゆる場所で人々が奮闘している。

すべての先駆的な取り組みと同様に、このオープンな方法の成果にはまだばらつきがある。優れた成果をあげることもあれば、そうでないこともある。どうすればうまくいくのか、私たちはまだ学ぶべきことがたくさんある。これには時間と実践が必要だ。そして、すべての人間の営みと同じように、万能薬ではない。哲学者のイマヌエル・カントは、「人間性という曲がった材木から、まっすぐなものがつくられたことはない」と書いている。しかし、このオープンな方法は重要であり、有望であり、希望に満ちている。

この営みが私に与えてくれた最大の贈り物は、「希望」である。一九九三年に南アフリカに移住するきっかけとなり、他の状況でも私を鼓舞し続けているのは、よりよい世界をつくるために貢献できると信じる人々の希望であり、それは皮肉の対極である。一九九八年、あるジャーナリストがチェコのヴァーツラフ・ハヴェル大統領に、ボスニアの戦争について楽観的か悲観的かと尋ねたところ、「私は楽観的ではありません。なぜなら、すべてよい方向に行くと思っていないからです。でも、悲観的でもありません。なぜなら、すべてが悪い方向に向かうとは思っていないからです。私は希望を持っています。希望は、人生そのものと同じくらい大切なものです。希望がなければ、私たちは決して自分の夢に到達することはできません」と答えた。

二〇〇四年一月下旬、私はインドにいた。そこでスイスのダボスで開催された、世界のエリートたちが集う世界経済フォーラムから帰国したばかりの、インド最大の経済団体の会長と話をした。彼は、グローバルなトレンドとローカルなトレンドの双方に、希望と興奮に満ちていたが、同時に深い懸念を抱いていた。「私たちが抱えている本当の問題は、みんなが話しているのに、誰も聞いていないことです。私たちはなんて世界をつくってしまっているのでしょうか」と、彼は考えこむように言った。それから、インドの草の根の活動をしている団体の会長と話をした。彼はダボスに対抗して同時にボンベイで開催されていた、一般大衆に向けた世界社会フォーラムから帰ってきたばかりだった。「このイベントは現状維持に抗う祝典です」と彼は首を振りながら言った。「世界社会フォーラムのスローガンである『もう一つの世界は可能である』ということを私は信じています。でも、一体どうすればこの『もう一つの世界』を現実にできるのでしょう?」

私たち一人ひとりが、毎日のあらゆる出会いの中で、どちらの世界を実現することに貢献するかを選択できる。閉じた道を選べば、力の行使と恐れに満ちた世界をつくることに参加することになる。オープンな道を選ぶとき、私たちはよりよいべつの世界を創造することに参加するのである。

謝辞

本書の執筆にあたり、多くの方から温かいご支援をいただいた。同僚では、特にジョセフ・ジャウォースキー、オットー・シャーマー、スーザン・テイラー、故ビル・オブライエン、読者および編集者では、特にバレリー・アンドリュー、ジャネット・コールマン、エレナ・ディエス・ピント、キース・ヴァン・デル・ハイデン、ベティー・スー・フラワーズ、デイビッド・カヘン、アート・クライナー、スティーブ・ピエールサンティ、ベティ・プルーイット、ピーター・センゲ、そして家族、特に妻のドロシーに感謝したい。

訳者解説

本書は、アダム・カヘンが執筆し二〇〇八年に日本で出版された最初の著作『手ごわい問題は、対話で解決する』（ヒューマンバリュー）の新訳版です。

アダム・カヘンは、世界でもっとも注目される対話ファシリテーターの一人です。彼は世界五〇カ国で、民族対立や和平後の国づくり、医療問題や食糧問題、気候変動などさまざまな課題に取り組み、その中には国内外から驚きをもって讃えられるような成果を導いたプロジェクトが数多く含まれます。企業内での経営幹部向けファシリテーションを経て、一九九三年に独立して以来三〇年以上にわたって実践を積み重ね、彼のファシリテーションの理論を練り上げてきました。その進化の軌跡はこれまで出版された五冊の本の中にたどることができます。日本では、彼の最新のファシリテーション理論を紹介する『共に変容するファシリテーション』を本書と同年の二〇二三年に出版したばかりでもあります。では、なぜ、このタイミングで一冊目の著作を訳し直してまで復刊するのでしょうか？

本企画についての相談を受けて、あらためて一冊目の原書を読み直したとき、日本の読者にとって今この本を読む意義は、次の三つの点にあるのではないかと感じました。

第一に、誰にとっても、最初の経験というのはもっとも鮮明に、強く表れ、心に残るものです。アダム・カヘンにとっても、最初の著作であるこの本には、彼の初心におけるストレートな提唱を感じとることができます。また、その後の著作にくり返し紹介される南アフリカのモンフルー・プロジェクトや、グアテマラのビジョン・グアテマラ・プロジェクトについても、もっとも鮮明で詳細な記述があり、文脈を理解することが欠かせないファシリテーションの実践にとても有益な情報を提供します。

第二に、本書では「オープンになる」こと、とりわけ「**話し方と聞き方の四つのモード**」について、それぞれいくつかのパターンに分けて具体的な記述があります。話し方と聞き方の四つのモードは、その後の著作でも、グアテマラ・プロジェクトのストーリーを題材にくり返し紹介されていきますが、そのバリエーションやパターンの説明が省かれているため、理解の幅が狭くなる恐れが出てきました。その点、本書では、ファシリテーターに必要な内面シフトの基盤となる「オープンになる」というテーマについて、一冊の分量をかけて多くの事例と共に詳述しているので、読者にとってよりイメージしやすいものとなっています。

第三に、私が本書から受け取った「分かたれた個が、互いと全体性とにつながり、一体感をもつことによって未来を創造できる」という荒削りだがストレートなメッセージは、今日の日本の状況に適合しやすいと考えます。この二〇年ほどで、日本でもワークショップやチーミング、心理的安全性や聞くことの重要性が浸透し、さまざまな組織で実践されはじめています。しかしその一方で、オープンに聞き、話すことの本質的な理解や成果はまだ十分とは言えません。むしろ、SNSや表層的な出来事の報道など、早く手軽に消費できる情報やコミュニケーション手段が増えたことによって、対立や行き詰まりに象徴される「アパルトヘイト症候群」は強まっている機運すら感じます。アダムの新著で紹介した「変容型ファシリテーション」は、日本で対話実践を積み重ねてきたファシリテーターたちにとって素晴らしい羅針盤となりうる一方、これから対話に取り組む初学者や入門者にとっては、より高度な実践が求められるより上級の実践書となっています。まず基本を身につけて、それから応用に向かうことがよい順序立てでしょう。一冊目の新訳版である本書は、対話ファシリテーションの入門書としてお薦めします。

そして、入門書ではありながらも、第四のモードであるプレゼンシング（本文では生成的な対話（ジェネレイティブ・ダイアログ）となっていますが、のちの著書ではプレゼンシングと呼ぶようになりました）まで到達するまでには、相当の訓練と実践を要します。本書で紹介するオープンな話し方と聞き方は、日常のミーティング、コーチング、１ｏｎ１から、チーム学習（チーミング）、対話型組織開発、コミュニティ・オーガナイジング、あるいは多様な関係者によるステークホルダー・ダイアログまで、さまざまな場面や目的で応用可能です。

日本におけるアダム・カヘンの影響力

私も二〇年ほど前から多様なステークホルダーによるダイアログについて学びはじめ、ピーター・センゲの『学習する組織』を手がかりに、どのように実践すればよいかを探求してきました。

ピーターは、「組織開発の父」と言われたクリス・アージリスに学び、メンタル・モデルに対処するためには、保留しながら主張と探求のバランスを図ること、自身の意識を内省してインテグリティを高めることを教えてくれました。また、ピーターは、同僚のビル・アイザックらと共に、世界中で対話を実践していたディヴィッド・ボームのボーム式「ダイアローグ」の手法を提唱します。

そして、これらに共通して重要なことは**メンタル・モデル**の保留です。グループのメンバーおよび場全体が保留を意識しながらダイアログを行ううえで、ファシリテーターが重要な役割を担うことは理解できました。同時に、これらの原理原則だけをもとにして対話のファシリテーションを行うにはまだまだイメージが湧かないことが多いと感じていました。

当時、私は「学習する組織」実践の普及のために設立されたSoL（組織学習協会）を手伝うようになっていました。そこで何人かの人たちに、ファシリテーションの実践に優れた人は誰かと尋ねたところ、世界には二人の「昇竜」がいることを教わりました。一人は、「U理論」のオットー・シャーマーであり、もう一人が南アフリカでのアパルトヘイトからの移行のための対話を支援したアダム・カヘンでした。それからほどなく、二〇〇四年にカヘンの第一作『Solving Tough Problems』（本書の原書）、そして二〇〇五年にシャーマーらの共著『Presence（邦題：出現する未来）』が出版されます。特に、アダム・カヘンの書籍では、グループの参加者たちの話し方と聞き方のパターンが明確に分類され、また、場における参加者たちの関係性や関わり方によって、どのようにパターンが変容しうるかが記され、対話に関するより具体的なガイドラインをもつにあたって大いに役立ったことを覚えています。

オットーとアダムは協働者でもありました。初期のU理論に関する文献の中では、U理論開発者の名前に、当初アダム・カヘンの名前も連なっていました。しかし、その後数年たって、アダム・カヘンの名前はなくなり、また二〇〇九年オットー・シャーマーの『U理論』が出版される頃には、U理論と言えばオットー・シャーマー、そして彼が仲間と立ち上げたプレゼンシング・インスティテュートの実践を象徴するものとなっていきます。一方で、アダムはU理論の「発明者」ではないにせよ、「パワー・ユーザー」であることは間違いありません。「チェンジ・ラボ」「ソーシャル・ラボ」「変容型シナリオ・プランニング」など、U理論を基軸としたさまざまな手法やアプローチを開発し、またU理論のグループレベルでの実践の基盤である「話し方と聞き方の四つのモード」について誰よりも豊富な実践例と学習をもって、わかりやすく語ってくれる先駆者です。

こうした組織学習や対話の実践者たちの間の高い評判と並行して、私はもう一つの意味でアダム・カヘンには大きな期待を抱いていました。彼が、二〇〇四年に立ち上がった「サステナブル・フード・ラボ」という五大陸、マルチセクターのコンソーシアムの共同リーダーとなっていたことです。私は二〇〇二年よりサステナビリティの分野に取り組みはじめてから縁あって、サステナブル・フード・ラボのもう一人の共同リーダー、ハル・ハミルトンと懇意になりました。彼とビールを飲み、サステナブル・フード・ラボの変遷を聞く都度、アダム・カヘンの人となりやファシリテーションのインパクトについてよく聞かされていたのです。

二〇〇八年四月、アダム・カヘンと初めて会う機会が訪れました。当時は、世界全体に二極化が強まる最中、気候変動や核拡散、貧困格差などグローバルな課題に向き合うために「グローバルSoLフォーラム」が中東のオマーンで開催されます。その基調講演者の一人としてアダム・カヘンが来場していたのです。彼の講演後に挨拶をするや、とてもフラットに、親しみをもって接してくれました。ピーター・センゲやハル・ハミルトンなどの人脈の助けもありましたが、アダムは大変な親日家でもあったのです。日本の職人気質や細部へのこだわりなどに特別に敬意を払い、また、国際的な舞台ではやや控えめな日本人と波長があうところもあったようです。同年に本書の旧訳書『手ごわい問題は、対話で解決する』が発刊し、日本でも彼の対話アプローチが広く知られるようになります。

このときの交流をきっかけに、二〇一〇年『未来を変えるためにほんとうに必要なこと』、二〇一四年『社会変革のシナリオ・プランニング』、二〇一八年『敵とのコラボレーション』のそれぞれの翻訳書が発刊する都度、アダムを日本に招き、講演とワークショップを通じて彼の方法論を指南してもらいました。私自身も、二〇一〇年来日時に開催された「チェンジ・ラボ」に参加した際、彼のファシリテーションのもと、自分自身の迷いを払拭してその後の活動の源に触れるプレゼンシングを体験しました。U理論の開発に関わったオリジナルメンバーの言葉の発し方、振る舞い方、あり方は、そして日本の多くの実践家たちに多大な影響を与えてくれたのです。

オープンになることとは——話し方と聞き方の四つのモード

アダムは、『共に変容するファシリテーション』において、グループが共に前に進み続けるうえで重要な動作の極の組み合わせを五つ紹介しています。そのもっとも基本的な極が、「主張すること」と「探求すること」です。主張するとは、自分自身の考えを話すことであり、探求するとは、相手の考えや全体像など明らかになっていないことやより深くにあることについて、問いかけ、傾聴し、考えることです。どちらも重要な動作であり、対話を行ううえでは、グループがこの二つの動作を行き来しながら、主張の質と探求の質を高めていく必要があります。

両極の動きを流れるように行き来してフローを生みだすためには、ファシリテーターとグループが内面のシフトを起こすことであるというのがアダムのファシリテーション理論の根幹にあります。そして、主張の質と探求の質を高めるには、ファシリテーターとグループの参加者たちが「オープンになる」ことであり、このファシリテーション実践の第一原則を本書の主題として深く、詳しく取り上げています（なお、他の四つの原則は、「見極める」「適応する」「奉仕する」「パートナーとなる」ことです）。

彼のファシリテーション理論の説明には、本書でも紹介されている次の四つのモードに分けて整理するとわかりやすくなります。

1. ダウンローディング
2. 討論（ディベート）
3. 内省的な対話（リフレクティブ・ダイアログ）
4. 生成的な対話（ジェネレイティブ・ダイアログ／プレゼンシング）

本書の各章が紹介する話し方と聞き方がその四つのモードに対してどこに位置づけられるかを整理したのが以下の図です。

この図に説明される話し方と聞き方の四つのモードは、彼のこのあとの書籍でもくり返し紹介されます

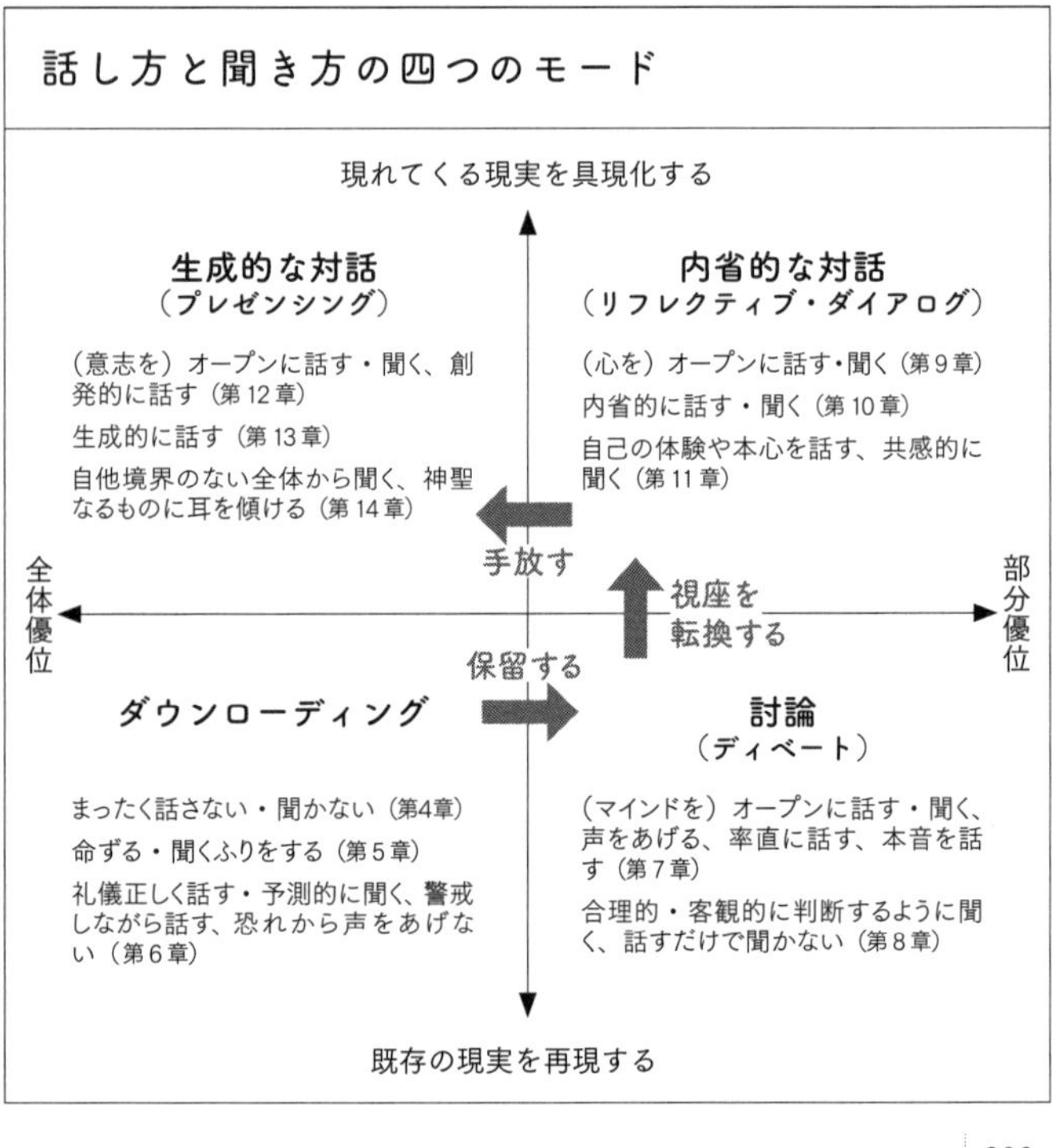

話し方と聞き方の四つのモード

(ただし、書を重ねる毎に、説明が省略されていきます)。ダウンローディングからディベートへ移行するには「保留する」ことが鍵となりますが、この具体的な実践は文脈によってだいぶ異なるために、例えば『共に変容するファシリテーション』だけを読むと「保留する」のパターンを限定的に捉えてしまう可能性もあります。しかし、本書ではいくつかの異なる文脈を説明してくれるので、より具体的なイメージをもって理解しやすくなっています。以下、各モードのいくつかのパターンを概説しますが、詳述は是非本書の該当する章をお読みになってください。

モード1：ダウンローディング

「ダウンローディング」は、目の前の状況に対して過去の知識や経験をコンピュータからダウンロード(あるいはリロード)するようなパターンの話し方と聞き方です。既存の現実を再現し、しばしば二極化や行き詰まりをもたらすこのモードには次のようなパターンがあります。

まったく話さない、聞かない

第4章「行き詰まる」では、ETA・スペイン政府・バスク地方政府の事例やすれ違う親子に関するアダムの体験談が紹介されています。これは、互いにまったく話さないし、相手の話を聞かないというパターンです。むしろ、相手の話を一切聞いてはいけないと考える場合すらあります。

命ずる、聞くふりをする

第5章「命ずる」では、独裁政権や権威主義のトップが経営する企業などの事例を紹介しています。ここに見られるパターンは、強権的な独裁者や経営トップなどの上位者は人々に命令する一方で、下位にいる人々は発言することを恐れ、まったく発言しないかトップの意向に背かないように警戒しながら話しています。上位者は人の話を聞きません。その他の人々は、すでに結論が決まっているので聞く必要はないか、生存のためのずる賢さで聞いているふりをしています。

礼儀正しく話す、予測的に聞く

第6章「礼儀正しく話す」では、カナダのケベック分離派と連邦主義者の事例と多くの家庭や職場の会話を紹介しています。ここに見られるパターンは、人々が互いに、礼儀正しく、当たり障りのないことを話しています。それはしばしば、既存のルールにしたがって話すことでもあったりします。対人関係に悪影響のあることを恐れて、突っこんだことは話しません。一方で、人々は互いに、既存のルールや現状維持の状態を予期し、既存の社会システム（体制）

を再現するように予定調和の聞き方をします。

ここにあげた三つのパターンが、共通してダウンローディングのモードに類型化されるのは、いずれの場合も過去くり返し起きている現象や結果を再現し続けるものだからです。このモードでは、イノベーションや変容は起こりません。仮に強権的なトップが独創的であったとしても、周囲の人がその機械となって無条件にしたがっていたのでは、VUCAと言われるこの時代において、現場に求められる適応性や工夫は起こらず、持続的に成果を出すことはきわめて難しいものと言えるでしょう。

このモードではしばしば「恐れ」が支配的になります。制裁や裏切り者のそしりへの恐れの場合もあれば、人間関係上悪影響を及ぼすことへの恐れがあるために話すことをためらい、心理的安全性の低い状態である場合もあります。このモードでは、本音で突っこんだ、本心からの対話とはほど遠い状態になります。

聞き方が「予測」にもとづくというのは、聞いていないことの表れです。通常の場合でも、私たちは相手の発した言葉を一〇〇%捉えることは難しく、職業的に聞くことを徹底的に訓練した通訳、会議書記、カウンセラーなどをのぞくと実践されることはまれです。多くの場合、正確に何が話されているか聞き逃している言葉が数多くあっても、前後の文脈でこう言っているだろうと推測することで埋め合わせるのが普通の人の聞き方です。さらに輪をかけて、相手の実際に話している言葉やニュアンスなどまったく聞こうとせずに、「この人はいつも／また、こう言っている」「どうせこうだ」と決めつけて、いつも一つの答えしかないと確信している聞き方もしばしば起こります。また、「予測」の原語である projection にはもう一つ、「投影」という意味があります。ダウンローディングにおける聞き方は、相手の話に、自分自身や自分自身の考えを投影しながら聞いている状態ともなりえます。

このように、話す側も聞く側も、独裁者や権威主義のトップをのぞけば、みなが自分の殻の奥底にこもっている状態がダウンローディングには見られます。このモードでは、誰もが「話されていることを聞かない」「目の前にあることを見ない」「本当に思っていることを言わない」「やると言ったことをやらない」状態が蔓延し、ただ生存のために必要なことだけがなされます。家庭でも組織でも、望ましい状態ではありませんが、このような状況に陥ることは珍しいことではなく、むしろ機能していないシステムでは幅広く見られるモードです。

モード1からの移行の鍵「保留する」

ダウンローディングのモードが有用となる場面として、儀式のように決められたことを遂行する場合や、災害などの緊急事態に避難や安全確保のための指示命令を行う場合などがあります。しかし、グループの知性と感性、創意工夫などの潜在的可能性を引き出したい場合や協働を必要とする場合には、進展が望めません。探求するためには相手の話をしっかりと聞くこと、そして決まった人だけが主張するのではなく、より多くの人が主張することが必要です。

この主張と探求の行き来を生みだすには、グループの人たちが「オープンになる」ことが求められます。そのオープンになる状況をつくるきっかけとなりうるのが、抑圧されていた周縁から声をあげることです。紹介されている事例では、ケベックでの青年のストーリーも、グアテマラでの若者の一喝も、周縁にいる人が勇気を持って率直に話すことが描かれています。しかし、前者では、聞き方がオープンにならなかったために話し合いは活性化されず、後者は聞き方もオープンになったことで、多くの人たちが率直に話すことの引き金となりました。

オープンになるために必要なことの第一ステップは、「保留する」ことであり、それは話すことにも聞くことにも適用されます。

聞く際に行う保留は、「いつも○○だ」「この人はまたどうせ○○と言っている」「この組織・社会ではどうせ○○にしかならない」といった、自分自身のもつ前提に気づき、脇に置いて、異なる可能性に目を向けることを意味します。私たちは気づかずにさまざまな認識バイアスなど、色のついた眼鏡をかけていることがあります。心の中で起こるさまざまな声や判断について、相手が話している間は一時的に脇に置き、その人が話していることをありのままに聞くようによく訓練します。そして全身全霊で、その場に存在するようにします。それがたとえ自分自身に都合の悪い、耳障りなことだったとしたらなおさら保留が有用となります（モン・フルーのリーベンバーグが白人政権への批判を話された通りに板書したように）。

話す際に行う保留は、「いつも○○だ」「真実／答えは○○しかない」といった自分の主張や考えていることを確信するのではなく、それらを検証できるように自分の考えを目の前に吊り下げることです。具体的には、「みなが」「いつも」「常に」「真実は」など、他の可能性を排除する表現を避けて、例えば、「私の考えでは」と前置きして話すことで、他の可能性にも目を向けます。そして、自分自身の主張の論理の飛躍や抜け、認識バイアス、他の可能性を自分や他者によって探せるようにします。

また、参加者たちがオープンになるうえで、「心理的安全性」も見逃せません。心理的安全性が低い場において、人々は「こんな質問をしたら自分は無知と見られる」「助けを求めたら無能と思われる」「こんな指摘をしたらネガティブと見られる」など、対人関係上自分がどのように見られるかについて不安があると、率直に話すことをためらいます。独裁者や権威主義のトップの意見と違う場合には、「刑務所に入れられる」「雇用と生活を奪われる」などより差し迫った恐れに襲われる場合もあるでしょう。

ここでも、不安や恐れを築く自分自身の前提を保留してありのままに見ることで、恐れていることが実際に現実となるリスクを冷静に評価することが必要です。私たちの心は、不安や恐れが増幅してリスクを過大視したり、疑心暗鬼に陥ったりしてしまいがちだからです。一方で、独裁者や仲間たちからの制裁が現実に存在することも多く、そうした場合には文化、風土、話し合いのルールを変容し、人間関係をオープンにして、対立への建設的な対処の能力と器を築く必要があります。ファシリテーターは、こうした心理的安全性を築くことに努力しながら、第二のモードであるディベートへの移行を図ります。

モード2：討論（ディベート）

保留の第一段階が進むことによってマインド（頭）がオープンになります。つまり、自分自身の殻に閉じこもって相手を聞かなかった状態から、相手の話を聞く姿勢に変わります。また、今までは恐れに閉じこもっていた自分の声、意見、本音、違和感などを発するようになり、こうしてモードが討論（ディベート）へと変わります。

率直に話す

討論のモードにおいて、多様な人たちがそれぞれの立場や視点から率直に話すことで、一つの真実や意見のみへの収束のパターンは破られ、自ずと意見の違いや衝突が場の表面に現れてきます。社会的（ソーシャル）な複雑性のある社会や組織において意見の違いや衝突があることは自然なことであり、また、健全なこととも言えるでしょう。

参加者たちの間で保留が進み、互いに言い合えるようなオープンな信頼関係が育まれると、議論は活性化します。第7章「率直に話す」で紹介されるディスティノ・コロンビアのプロジェクトはまさにその様子を表しています。

このモードにおいては、論題に対する肯定チームと否定チームなど二手に分かれて実施するディベートが象徴的です。実際のテーマや構成メンバーによっては、論点がいくつもあって意見が多数出てくることもあるでしょう。ディベートほど型が明確にありませんが、職場や集会でのディスカッションもこのモードに類型化できます。ビジネス組織や専門家同士の話し合いでは、ディスカッションを含めた討論はむしろデフォルトのモードでもあります。

ただし、日本ではビジネス組織であっても、欧米に比べて心理的安全性が低く、ダウンローディングが中心となっていることが多くあるようです。また、もともと権威のある人が冒頭から立場の低い人の発言に反対を述べることは、心理的安全性を低くして場のエネルギーを下げる行為ですので、相対的に他者より立場や影響力の高い人はとくに保留に努める必要があります。

本書では、第7章のTグループのように率直なフィードバックを推奨する場の設定について紹介されていましたが、他にもさまざまな工夫ができるでしょう。例えば、「反対意見」を求めるよりは、「違和感」「懸念点」などを求めたほうが、自然と話しやすくなります。あるいはあえて議論の弱いところやネガティブな側面を探す「反対意見役」「ネガティブ・チーム」などを設定し、ロールとしてそうした意見を発言しやすくするなどの工夫もとられています。

判断するように聞く

討論のモードの聞き方のパターンは、合理的な判断をするような聞き方をします。つまり、どちらの主張や説明がメリットとデメリットを鑑みて総合的に望ましいかを合理的、客観的に判断しようとします。

ディベートでは、肯定チームと否定チームとはべつに、ジャッジがその役割をなしています。大統領選挙、法廷、あるいは競技ディベートなどでは、すべて審判を下す人が設定されています。職場でも、上位の意思決定者が部下からの提案やプレゼンを聞きながらその合理性を判断することはよく見られます。

一方、ジャッジ役を特定の人に委ねるのではなく、参加者の多数が意思決定にかかわる場面も多くあるでしょう。国会の議員たちや職場での同僚間でのディスカッションがそれにあたります。

このモードの聞き方で重要なことは、もともと自分の中にある意見や結論をダウンローディングするのではなく、いかに自分のもっていなかった意見や考えに対して、ありのままに聞くことができるか、とりわけ自分の意見や考えを否定する事実を客観的に捉えられるかが鍵となります。

モード2からの移行の鍵「視座を転換する」

率直に話し合いが行われ、合理的な判断がなされる組織において、討論モードの話し方と聞き方が組織で共有されると、意思決定のスピードも速くなります。しかし、このモードで解決できるのは、比較的単純な問題や「技術的な問題」に限られ、複雑性の高い問題に対しては自ずと限界があります。

例えば、同質性の高い同じ会社の人たちの間で話すとき、判断基準は比較的似通っていて、会社の収益につながる顧客満足度や戦略的なポジション、投資リターンなど、テクニカルな違いはあっても本質的には大差がなく、判断基準について合意を得ることは相対的に容易です。

しかし、ＣＳＲや社会課題を取り上げるとき、さまざまなステークホルダーが関与しているため、何が目的か、何が成功の判断基準かについてはそもそもおおきなバラつきがあります。とりわけ強者と弱者の間では、まったく正反対の判断基準をもつことも少なくありません。

厄介なことは、自分自身の価値観や成功の判断基準は、メンタル・モデルの中でも特に根深く、暗黙知の領域に入っているため、自分自身が当たり前と思っていることが他者と噛みあっていないことに気づけないでいること、あるいは間違っているのは他者であると決めつけてしまうことがとても多くあります。こうした傾向は、合理性に価値を置く人、とりわけそれが暗黙・当然の目的となってしまっている人に特に多く見られ、本書でもこの合理性の罠に関しての紹介があります。

異なる多様な人たちの間で、それぞれの人が自らの持つ判断基準に疑問をもたないままに、他者が自分の意見を聞き入れるのを期待していたのでは、変容は起こりえません。結局のところ、ディベートやディスカッションを行っていてもシステムそのものの変容は起こしがたく、既存の現実を再現するにとどまってしまいます。第8章の「話すだけで聞かない」で紹介されているように、自分自身の立場だけでなく、相手の立場に立った聞き方ができなければ、異なる価値観をもった多様なステークホルダーの間で前進することは難しいものなのです。

モード3：内省的な対話（リフレクティブ・ダイアログ）

組織や社会を変容するには、互いの関係性や風土や文化の変容が必要です。そのためには、マインドをオープンにするだけでは不十分であり、ハート（心）もオープンにしなくてはなりません。それを可能にするのは、保留をさらにグレードアップさせて、視座を転換することです。つまり、自分の立ち位置からものごとを見て、聞いて、話すのではなく、相手の立ち位置からものごとを見て、聞いて、話すことです。

（ハートを）オープンに話す・聞く

ハートをオープンに話すとは、客観的事実ばかりでなく、進んで自分の内面を相手にさらけだすことです。第7章「率直に話す」のディスティノ・コロンビアのメンバー間では、マインドだけでなく、ハートもオープンにした交流が広がっていました。誰もがゲリラの報復を恐れて電話機にも近づかない状況から、グラウンドルールを設定し保留の実践をくり返すうちに、自分とは異なる人の話を聞き、理解し、信頼し、そして率直に話すことができる場が醸成されていきました。

ハートをオープンに聞くとは、相手から出てくる新しい何かについて、進んで自分をさらけだすことです。第9章「オープンに聞く」では、ヒューストンの実業家たちやゼロックスの開発チームの事例が紹介されています。ヒューストンでは、実業家たちからはほど遠い、タトゥー・アーティストたちへのインタビューを通じて、さまざまな学びがありました。いつもの自分の慣れ親しんだ文化やスタイルに閉じこもっていたら、会話をはじめることすら難しかったでしょう。相手のところへ出向いて、相手の文化に合わせて話を聞く変容が求められました。

自己内省的に聞く・話す

第10章「内省的に聞く」では、モン・フルーのプロジェクトでの参加者間の展開を解き明かし、オープンに話し、聞くことを重ねるうちに、オープンさが一段と進んで「内省的に」聞く様子を紹介しています。内省とは、自分のもっている考えとは異なる考えに対して、進んで影響を受け、変容しようとする行為です。私たちがいかに前もってある判断、バイアス、自己正当化を持たずに話を聞こうと試みても、私たちのメンタル・モデルは深いレベルまで多層に聞き方に影響を与えていることが多くあります。内省的に聞くとは、自分のメンタル・モデルに気づき、脇に置いて、あるいは吊り下げながら聞くことによって、自分自身のメンタル・モデルを変容させていくプロセスです。

共感的に聞く・自己の体験や本心を話す

第11章「共感的に聞く」では、南アのノース大学でのワークショップやジャウォースキーのインタビューなどの事例を通じて、相手の主観を理解する共感的な聞き方のパターンを紹介します。第14章のビジョン・グアテマラ・プロジェクトにおいて、平和担当の大臣が国民虐殺を主導した政府軍将軍に、共感を示す言葉をかけたのが象徴的です。ここで、共感とは、その意見に同意するかどうかは保留して、相手の立場になったときにどのように感じるかを味わい、あるいは表現することです（このような難しい状況の対話において「共感とは同意を意味する」と前提を置くことは有用ではありません）。

アダムのファシリテーションにおいて、ストーリーテリングが多く用いられます。自分自身の体験談を語ることは、「べき論」や客観的・合理的な話し方とは対照的に、共感を呼び起こしやすくなります。

そして、共感的に聞くことは、相手の内省と自己内省的な話し方を促します。自身の体験談や感情を（感情的にならずに）さらけだすことは共感を誘発しますので、自己内省と共感の好循環をつくりだすことも少なくありません。意見や行為と人物は切り離され、協力に向けた信頼関係が醸成されはじめます。ノース大学のプロジェクトにおけるムカベラの共感的な聞き方は、学生の自己内省を促し、組織のプロパガンダではなく、自分自身のことを本心から話すことを引き出しています。

このように、オープンに、内省的に、そして共感的に話し、聞き合うことを重ねることで、参加者間で意味が通じ流れる「ダイアログ（対話）」がはじまります。家族や職場や地域における人間関係において、内省的な対話のモードまで進んだならば、相互理解が進み、互いの関係性は修復され、相互の信頼が醸成されはじめます。そこから、互いの意志や目的を尊重して行動することで、また、コーディネートが必要な場合は培われた関係性にもとづいて協力して進めることで、今までにない大きな成果を導くこともできるでしょう。互いに対しての無知や誤解があることも多く、相手のことを理解することで納得感をもって相手に譲ることができるようにもなります。ダウンローディングやディベートが常態のビジネス界においては、内省的な対話モードでも十分成果を出せることが少なくありません。

一方で、望ましい未来を創造するうえで、それぞれの意志や目的に向かうことが大きな葛藤や矛盾をつくることもあります。どの立場に共感的に寄り添ったとしてもその他が立たない場合は、解決のために新しい選択肢が必要です。このように複雑に絡み合った問題の状況に対して、もう一段深いモードへと潜っていくことが求められるでしょう。

モード3からの移行の鍵「手放す」

次なるモードへシフトするには、保留のレベルをさらにグレードアップした「手放す」ことの実践が必要となります。すなわち、自分や属する集団のアイデンティティ、立場、目的や主張などへの固執を手放すことです。

社会システムでは、部分最適や共有地の悲劇のように、部分へのこだわりが全体システムの崩壊につながり、結果的には自身の便益が損なわれることも少なくありません。そもそも、相手への共感が必要となるのは、自他を分けて考えているからです。しかし、もし本来大きな全体性の一つが分かたれているにすぎないとしたら、自他の境界を越えて再統合する余地があります。そのために私たちは今ここに現れつつある可能性を迎え入れる準備を整える必要があります。

モード4：生成的な対話（ジェネレイティブ・ダイアログ／プレゼンシング）

四つの話し方と聞き方でも、もっとも実践が難しいのが「生成的な対話（プレゼンシング）」です。このモードを実践するには、マインドやハートだけでなく、意志(ウィル)もオープンにする必要があります。このモードでは、自他を包含するより大きな全体性に触れることによって、自他の境界があいまいになります。システムの全体にアクセスするためには、もはや認知（頭）で理解するのではなく、「感じる」ことが求められます。この難度の高いプロセスについて、本書がそのイメージをもっとも具体的に明らかにしてくれます。すなわち、プレゼンシングには、以下のような話し方と聞き方のパターンが必要となります。

自他の境界をあいまいにして聞く・創発的に話す

第12章「殻を破る」では、アルゼンチンの司法改革を実現する礎となった三日間のワークショップが紹介されています。ディベートのモードが既定路線である法律家たちが、個人的な想いをストーリーテリングの形で語り、自分たちの状況と目指す司法システムの姿を共有することで、参加者たちは当事者意識を強く抱く創造者の同志たちへと転換していきました。

「問題解決」の姿勢では、自分は問題の外側にある客観的な存在であることが暗黙の前提にあります。それに対して「創造」の姿勢では、自らを問題の内側に位置づけます。ビル・トルバートの引用にあるとおり、「問題の一部でないかぎり、解決策の一部」にもなりえないというわけです。メンバーたちは、自らを問題の傍観者として置くのではなく、無力感やあきらめを手放して、自らを問題の内側にある行為者と置き、自らの意志で自分と他者とを隔てる境界を共に破りました（「クリック」の瞬間です）。

ここには、複雑なシステムの全体で起こっていることが個人のレベルに起こるというシステムの相似性が存在します。一人ひとりが個人的なストーリーとして語ることが、互いを同じ人間として見ると共に、システム全体の状況に対して変化をもたらす行為者としての共通性を見いだしたからです。共通のコミットメントによって築かれたパートナーシップは、大きなチャレンジに対する強力な推進力ともなります。

ファシリテーションではよく、議論を「拡散」させてのち、「収束」させると表現します。アダムはこの二つのフェーズの間にある「創発」フェーズ、つまり、予想や計画したことではなく、グループのメンバーたちが内省的、共感的に互いの話に耳を傾け、「今ここで気づくこと」の場に現れてくる新しい可能性のタネを拾い上げることを重視します。この創発フェーズでは、今まで割り切っていたこと、自分中心に考えていたことに対して、さまざまな立場の視座をもって見ることは、しばしば、混沌、混乱、対立を呼び起こします。

一歩下がって心の内の声を鎮め、システムの全体像を感じとる

第13章「丸めた拳と開いた掌」では、ピレネー山脈のリトリートのエピソードが紹介されます。システムの全体像や神聖なるものは、合理的に理解しようとするには限界があり、「感じとる」ことが肝要です。そして、それはまた、混沌、混乱、対立を呼び起こすプロセスでもあ

ります。ピレネー山脈で一晩過ごす自然体験の中、アダムは自分の中の内なる声のお喋りを鎮めることで、互いにより深く耳を傾けることができ、その後はアイデアが次々と生成されるようになりました。

メンタル・モデルを保留することが真の観察や傾聴を可能にし、また静寂の時間や沈黙の時間は、聞くことの質をさらに高めます。自分だけでなく異なる立場の多くの人たちの話により深く耳を傾けることで、私たちはシステムの全体像を感じとることができます。そして、問題から解決策にまっすぐに向かっていく衝動を手放し、一歩下がって無意識に働きかけることでブレークスルーをもたらすことが可能となります（問題の認知から解決策へと短絡的に直進せず、深く潜るような軌跡をたどるゆえに「U」プロセスと名づけられました）。

神聖なるものに耳を傾ける・生成的に話す

第14章「傷口は一体になりたがっている」掲載のビジョン・グアテマラ・プロジェクトでは、四つのモードの変遷をわかりやすく紹介しています。とりわけ、プレゼンシングのモードへの移行のきっかけとなったオチャエタが語った胎児の骨のストーリーは、このモードがどんなものかをもっとも象徴的に表しています。つまり、それぞれの立場を超えた全体性をメンバーたちが感じ取り、立場のこだわりを手放しています。それぞれが「神聖なるもの」とつながり、グアテマラの未来というシステムの全体像がメンバーたちに何を求めているかが感じ取られ、場で誰かが話したのちに何が話されるべきかが生成的に生じる、「フロー状態」を形成します。

神聖なるものとは、必ずしも宗教的なことを意味するわけではありません。人間の尊厳や一人ひとりの秘めた最高の潜在的可能性など、私たちの誰もが内にもち、ないがしろにしてはならない大切なことが、「神聖」なものとなります。

私たちは、この神聖なものに触れたとき、生成的に話すことができます。自分という個人を通してであっても、相互依存の構造の奥にある普遍的な価値や集合知は、固執には囚われない、新しい選択肢を共創する源泉となります。

このように、自他の境界をあいまいにして、より大きな全体像を希求するように聞き、そして一歩下がって耳を澄まし、神聖なるものを感じることによって、私たちは真に創発的で生成的な話し方をすることができます。そしてダンスのように、オープンに話すこととオープンに聞くことの二つの動きの間を流れるように行き来することが、フロー状態をつくり、動かし続ける生成的な対話をもたらします。それが、社会的（ソーシャル）な複雑性を超越して、生成的（ジェネレイティブ）な複雑性に取り組むには欠かせない智慧を場にもたらすとするのが、対話のアプローチがもたらす最高の可能性となります。

私たちの一人ひとりは、それぞれが個人であると同時に集団の一部です。私たちの組織やコミュニティは、それ自体が複数のメンバーを持つ一つの集団であると同時により大きな社会の一部でもあります。このようにシステムの中にサブシステムがあり、また複数のシステムが集まってより大きなシステムをつくる構造の中で、全体であると同時に部分でもある構成単位を「ホロン」と呼びます。「私たち」と呼ぶとき、それはどの集団を指すのでしょうか？　家族、職場、近所、あるいは民族、業界、国家など、「私たち」は歴史や慣行や文脈によって、暗黙のうちにしばしば都合よく形成されています。対話においては、目の前の問題の状況や目的に照らし合わせて、明示的に私たちの境界を再定義することも可能です。この選択は、個人や個々の集団に委ねられるものであると同時に、私たちの思う以上に、分かたれた部分はその再統合を求めるものでもあるのでしょう。ちょうど、裂かれた傷口が癒えてつながろうとしているように。

愛、力、公義

アダム・カヘンは、多様な利害関係者たちがオープンに話し、聞きあうことで、それぞれの利害や立場を超えて、それぞれが拠って立つより大きなシステムの健全性や持続可能性のためにつながることを「愛（love）」の衝動と位置づけました。後続の書籍では、さらに「力（power）」の衝動や「公義（justice）」の衝動を加えて、これらが三位一体として推進されることによって、より効果的なコラボレーションを可能にするとしています。また、方法論の観点から「変容型シナリオ・プランニング」や「変容型ファシリテーション」を提唱し、この書籍で紹介される内容からより精緻で洗練された実践について紹介します。

これらの実践と統合は容易なことではありません。ファシリテーションの名人の域に達したと言って過言でないアダム・カヘン自身、現状に甘んじることなく、さらなる進化を遂げていきます。本書はその原点とも言える対話ファシリテーションの基礎を紹介するものです。まず一つ身につけるなら、この本に紹介するオープンな話し方と聞き方をしっかりと定着させることが、その後のステップの基盤となることでしょう。

謝辞

本企画にあたって、翻訳と解説の機会をいただいた英治出版の原田英治さん、高野達成さん、桑江リリーさんに感謝申し上げます。また、翻訳を進めるにあたっては、佐藤千鶴子さん、三好敦子さん、江上由希子さんには多大なるサポートをいただきました。また、著作の変遷を振り返り、本著作の意義を一緒に議論・指南いただいたアダム・カヘン氏に感謝を申し上げます。
日本での実践が定着・発展しつつある対話ファシリテーションがさらに普及発展して、家庭や組織、地域や国際社会での手ごわい問題の解決に対話が最有力な手段として活用されることで、多様な人たちの間の共通理解と包摂、より成熟した民主主義、そして持続可能性と平和が社会にもたらされることを切に願います。

小田理一郎

二〇二三年六月

van der Heijden, *Kees, Scenarios: The Art of Strategic Conversation.* West Sussex: John Wiley, 1996.
キース・ヴァン・デル・ハイデン『シナリオ・プランニング——戦略的思考と意思決定』(西村行功訳、株式会社グロービス監訳、ダイヤモンド社、1998年)

Waldmeir, Patti, *Anatomy of a Miracle: The End of Apartheid and the Birth of the New South Africa.* New York: W.W. Norton & Company, 1997.

Weisbord, Marvin, and Sandra Janoff, *Future Search: An Action Guide to Finding Common Ground in Organizations and Communities.* San Francisco: Berrett-Koehler, 1999.
マーヴィン・ワイスボード、サンドラ・ジャノフ『フューチャーサーチ——利害を越えた対話から、みんなが望む未来を創り出すファシリテーション手法』(香取一昭、株式会社ヒューマンバリュー訳、ヒューマンバリュー、2009)

Scharmer, Claus Otto, *Theory U: Leading from the Emerging Future as It Emerges*. San Francisco: Berrett-Koehler Publishers, 2016.
C・オットー・シャーマー『U 理論［第二版］――過去や偏見にとらわれず、本当に必要な「変化」を生み出す技術』（中土井僚、由佐美加子訳、英治出版、2017 年）

Scharmer, Claus Otto, Brian Arthur, Jonathon Day, Joseph Jaworski, Michael Jung, Ikujiro Nonaka, and Peter Senge, "Illuminating the Blind Spot." *Leader to Leader* (spring 2002): 11–14.

Schwartz, Peter, *The Art of the Long View: Planning for the Future in an Uncertain World.* New York: Currency, 1996.
ピーター・シュワルツ『シナリオ・プランニングの技法』（垰本一雄、池田啓宏訳、東洋経済新報社、2000 年）

Senge, Peter, Claus Otto Scharmer, Joseph Jaworski, and Betty Sue Flowers, *Presence: Human Purpose and the Field of the Future.* Cambridge: Society for Organizational Learning, 2004.
ピーター・センゲ、クラウス・オットー・シャーマー、ジョセフ・ジャウォースキー、ベティー・スー・フラワーズ『出現する未来』（野中郁次郎監訳、高遠裕子訳、講談社、2006 年）

Senge, Peter, Art Kleiner, Charlotte Roberts, Richard Ross, and Bryan Smith, eds., The Fifth Discipline Fieldbook: Strategies and Tools for Building a Learning Organization. New York: Doubleday, 1994.
ピーター・センゲ、他『フィールドブック 学習する組織「5 つの能力」――企業変革をチームで進める最強ツール』（柴田昌治＋スコラ・コンサルト監訳、牧野元三訳、日本経済新聞社、2003 年）

Senge, Peter, Art Kleiner, Charlotte Roberts, Richard Ross, George Roth, and Bryan Smith, *The Dance of Change: The Challenges to Sustaining Momentum in Learning Organizations.* New York: Doubleday, 1999.
ピーター・センゲ、他『フィールドブック 学習する組織「10 の変革課題」――なぜ全社改革は失敗するのか？』（柴田昌治＋スコラ・コンサルト監訳、牧野元三訳、日本経済新聞社、2004 年 ）

Sparks, Allister, *Beyond the Miracle: Inside the New South Africa.* Johannesburg: Jonathan Ball Publishers, 2003.

Isaacs, William, *Dialogue and the Art of Thinking Together*. New York: Doubleday, 1999.

Jaworski, Joseph, *Synchronicity: The Inner Path of Leadership*. San Francisco: Berrett-Koehler, 1996.
ジョセフ・ジャウォースキー『シンクロニシティ［増補改訂版］——未来をつくるリーダーシップ』（野津智子訳、英治出版、2013年）

Kleiner, Art, *The Age of Heretics: Heroes, Outlaws, and the Forerunners of Corporate Change*. New York: Doubleday, 1996.

le Roux, Pieter, et al., "The Mont Fleur Scenarios." *Deeper News*, vol. 7, no.1 (1992).

Maturana, Humberto, and Francisco Varela, *The Tree of Knowledge: The Biological Roots of Human Understanding*. Boston: Shambhala, 1987.
ウンベルト・マトゥラーナ、フランシスコ・バレーラ『知恵の樹——生きている世界はどのようにして生まれるのか』（管啓次郎訳、筑摩書房、1997年）

Owen, Harrison, Open Space Technology. San Francisco: Berrett-Koehler, 1998.

Pruitt, Bettye, ed., *Civic Scenario/Civic Dialogue Workshop*. New York: United Nations Development Programme Regional Bureau for Latin America and the Caribbean, 2000.

Putnam, Robert, *Bowling Alone: The Collapse and Revival of American Community*. New York: Simon & Schuster, 2001.
ロバート・D・パットナム『孤独なボウリング——米国コミュニティの崩壊と再生』（柴内康文訳、柏書房、2006年）

Reason, Peter, and Hilary Bradbury, eds., *Handbook of Action Research*. Thousand Oaks, CA: Sage Publications, 2001.

Rosenberg, Tina, *Children of Cain: Violence and the Violent in Latin America*. New York: Penguin Books, 1991.

Sampson, Anthony, *Mandela: An Authorized Biography*. New York: Alfred A. Knopf, 1999.

参考文献

Ackoff, Russell, *Redesigning the Future: A Systems Approach to Societal Problems.* New York: John Wiley and Sons, 1974.
ラッセル・アッコフ『未来の再設計――社会問題へのシステム・アプローチ』（若林千鶴子訳、啓学出版、1982 年）

Arthur, Brian, “Unit of One: Decisions, Decisions.” *Fast Company* (October 1998).

Berlin, Isaiah, *The Crooked Timber of Humanity: Chapters in the History of Ideas.* Princeton: Princeton University Press, 1990.

Bohm, David, and Mark Edwards, *Changing Consciousness: Exploring the Hidden Source of the Social, Political, and Environmental Crises Facing Our World.* New York: HarperCollins, 1991.

Capra, Fritjof, *The Web of Life: A New Scientific Understanding of Living Systems.* New York: Doubleday, 1996.

Carvajal, Manuel Jose, et al., “Destino Colombia.” *Deeper News*, vol. 9, no. 1 (1998).

Commission for Historical Clarification, *Guatemala Memory of Silence: Report of the Commission for Historical Clarification.* Washington, D.C.: American Association for the Advancement of Science, 1999.

Diez Pinto, Elena, et al., Los Escenarios del Futuro. (「未来のシナリオ」) Guatemala City: Visión Guatemala, 1999.

Hoffman, Gene Knudsen, Cynthia Monroe, and Leah Green, edited by and with an introduction by Dennis Rivers, *Compassionate Listening Training: An Exploratory Sourcebook about Conflict Transformation.* Santa Barbara: The Institute for Cooperative Communication Skills, 2001.

●著者

アダム・カヘン
Adam Kahane

人々がもっとも重要かつ困難な問題に対して共に前進することを支援する国際的な社会的企業であるレオス・パートナーズ社の取締役。

レオス・パートナーズは、互いに理解や同意、信頼がない関係者でも、もっとも困難な課題に対して前進できるようなプロセスを設計、ファシリテーション、ガイドしている。教育、健康、食糧、エネルギー、環境、開発、正義、安全保障、平和などの課題について、政府、企業、市民社会組織と連携して取り組んでいる。ケンブリッジ（マサチューセッツ州）、ジュネーブ、ヨハネスブルグ、ロンドン、メルボルン、モントリオール、サンパウロにオフィスを構え、グローバルかつローカルに活動している。

アダム・カヘンは、企業、政府、市民社会のリーダーが協力してこのような課題に取り組むためのプロセスを整え、設計、ファシリテーションを行う第一人者。これまでに50カ国以上、世界各地で、経営者や政治家、将軍やゲリラ、公務員や労働組合員、地域活動家や国連職員、聖職者や芸術家などと協働してきた。
カナダ勲章を受章しているほか、2022年、ダボス会議の世界経済フォーラムで、シュワブ財団の「ソーシャル・イノベーション思想的指導者2022」に選出された。

著書に『手ごわい問題は、対話で解決する』（ヒューマンバリュー／本書はその新訳版）、『未来を変えるためにほんとうに必要なこと』（英治出版）、『社会変革のシナリオ・プランニング』（英治出版）、『敵とのコラボレーション』（英治出版）。20カ国語以上に翻訳されている。

本書には、ネルソン・マンデラが「この画期的な本は、現代の中心的な課題である、私たちが作り出した問題を解決するために協力する方法を見出すことに取り組んでいる」という言葉を寄せている。

1990年代初頭には、ロンドンのロイヤル・ダッチ・シェルで社会、政治、経済、技術シナリオの責任者を務めた。また、パシフィック・ガス・アンド・エレクトリック社（サンフランシスコ）、経済協力開発機構（パリ）、国際応用システム分析研究所（ウィーン）、日本エネルギー経済研究所（東京）、オックスフォード大学、トロント大学、ブリティッシュ・コロンビア大学、カリフォルニア大学、西ケープ大学で戦略および研究の役職を歴任している。

マギル大学（モントリオール）で物理学の学士号（優等）、カリフォルニア大学（バークレー）でエネルギー・資源経済学の修士号、バスティア大学（シアトル）で応用行動科学の修士号を取得。また、ハーバード・ロー・スクールで交渉術を、マルグリット・ブルジョワ研究所でチェロの演奏を学んだ。

妻のドロシーとともにモントリオールとケープタウンに在住。

https://www.adamkahane.com

●翻訳・日本語版序文

小田理一郎
Riichiro Oda

「システム思考」「学習する組織」「ダイアログ」「共有ビジョン」「変化の理論」など変化のための方法論を通じて、人や組織や社会がよりよい未来を実現することを支援する社会的企業、チェンジ・エージェント社の代表取締役。

チェンジ・エージェント社は、研修、リーダーシップ開発、組織開発などを通じて、サステナビリティ推進、社会課題解決のための能力開発とプロセスデザイン、ファシリテーションなどのサービスを提供し、日本を中心に、インドネシア、ハンガリー、ナミビア、カメルーンなどで活動を展開する。

小田理一郎は、オレゴン大学経営学修士（MBA）プログラムで多国籍企業経営を専攻。米国多国籍企業で 10 年間、製品責任者・経営企画室長として組織横断での業務改革・組織変革に取り組む。2005 年チェンジ・エージェント社を共同設立し、経営者・リーダー向け研修、戦略開発、組織開発、CSR 経営などのコンサルティングに従事すると共に、システム横断で社会課題を解決するプロセスデザインやファシリテーションを展開する。デニス・メドウズ、ピーター・センゲ、ビル・トルバートら世界の第一人者たちの薫陶を受けて、システム思考、学習する組織、行動探求などの日本での普及推進を図っている。組織学習協会（SoL）ジャパン理事長、スウェーデン非営利組織 Global SoL 役員（会計）、サステナビリティ分野プロフェッショナルの国際ネットワーク International Network of Resource Information Centers の役員（会計）を務めるなど国内外の実践者・学習者コミュニティを運営する。

関西大学、東京大学、東北大学、東京工業大学社会人向け MOT プログラムなどで非常勤講師を歴任。大学院大学至善館の社会人向け MBA プログラムの特任教授。

著書に『「学習する組織」入門』（英治出版）、『マンガでやさしくわかる学習する組織』（日本能率協会マネジメントセンター）、『なぜあの人の解決策はいつもうまくいくのか？』（東洋経済新報社）など。訳書、解説書にアダム・カヘン著『社会変革のシナリオ・プランニング』『敵とのコラボレーション』、ドネラ・H・メドウズ著『世界はシステムで動く』、ピーター・M・センゲ著『学習する組織』、ビル・トルバート著『行動探求』（以上、英治出版）、『成長企業が失速するとき、社員に“何”が起きているのか？』（日経 BP）など。

青森県出身。東京都在住。

https://www.change-agent.jp/

[英治出版からのお知らせ]
本書に関するご意見・ご感想を E-mail（editor@eijipress.co.jp）で受け付けています。
また、英治出版ではメールマガジン、Web メディア、SNS で新刊情報や書籍に関する記事、イベント情報などを配信しております。ぜひ一度、アクセスしてみてください。
メールマガジン：会員登録はホームページにて
Web メディア「英治出版オンライン」：eijionline.com
Twitter / Facebook / Instagram：eijipress

それでも、対話をはじめよう

対立する人たちと共に問題に取り組み、未来をつくりだす方法

発行日　2023 年 7 月 25 日　第 1 版　第 1 刷

著者　アダム・カヘン
訳者　小田理一郎（おだ・りいちろう）
発行人　原田英治
発行　英治出版株式会社
〒150-0022 東京都渋谷区恵比寿南 1-9-12 ピトレスクビル 4F
電話　03-5773-0193　　FAX　03-5773-0194
http://www.eijipress.co.jp/
プロデューサー　桑江リリー
スタッフ　高野達成　藤竹賢一郎　山下智也　鈴木美穂　下田理
田中三枝　平野貴裕　上村悠也　石﨑優木
渡邉吏佐子　中西さおり　関紀子　齋藤さくら
荒金真美　廣畑達也　木本桜子
印刷・製本　中央精版印刷株式会社
装丁　重原隆
校正　株式会社ヴェリタ

ISBN978-4-86276-319-8　C0034　Printed in Japan